健走，

人人都能做到的健身运动

薛磊 编著

天津出版传媒集团
天津科学技术出版社

图书在版编目（CIP）数据

健走，人人都能做到的健身运动 / 薛磊编著 . —天津：天津科学技术出版社，2015.6（2024.1 重印）
ISBN 978-7-5308-9946-5

Ⅰ . ①健… Ⅱ . ①薛… Ⅲ . ①步行—健身运动—基本知识 Ⅳ . ① G883

中国版本图书馆 CIP 数据核字（2015）第 137244 号

健走，人人都能做到的健身运动
JIANZOU, RENREN DOUNENG ZUODAO DE JIANSHEN YUNDONG

责任编辑：梁　旭
责任印制：王品乾
出　　版：天津出版传媒集团 / 天津科学技术出版社
地　　址：天津市和平区西康路35号
邮　　编：300051
电　　话：（022）23332369（编辑室）
网　　址：www.tjkjcbs.com.cn
发　　行：新华书店经销
印　　刷：三河市天润建兴印务有限公司

开本 710×1000　1/16　印张 13　字数 160 000
2024 年 1 月第 1 版第 2 次印刷
定价：49. 80 元

前言

PREFACE

中国有句古话："人老腿先老"。医学研究发现，我们人体三分之二的肌肉都集中在下半身，如果人长时间缺乏锻炼，那么我们的身体机能就会提前出现衰退的迹象。因此，当人的年龄一旦超过 60 岁，我们就会发现全身的肌肉力量，包括自身的握力和臂力，特别是下半身的力量都大不如前。为了提高全民健康水平，促进全民运动风气，国家卫健委特别提出了"每天一万步，吃动两平衡，健康一辈子"的生活理念。

每一个人只有获得了健康，才能获得更好的生活品质，而强健的体魄、良好的体质和健康的水平是取决于多种因素的，比如先天的发育、日常的饮食结构和生活习惯、医疗保健以及生活环境，而后天的运动锻炼会对人体健康产生举足轻重的影响，因此，一种最简单、人人都可以做到的运动锻炼方式应运而生，并悄然地影响着我们的生活，它就是健走。

健走是一种介于散步和竞走之间的运动方式，属于有氧的健身运动。健走时脚底、心脏和全身各个器官承受的冲击力和伤害都比较小，同时不受任何运动器材的束缚，也没有任何时间和空间的限制，是一项人人能够随时随地参与的健身运动。

健走有多种多样的形式，直行向前走、S 型走、倒着走、爬着走、拍打走等。健走让你充满了乐趣，同时为我们的身体建造了牢固的“防火墙”。

健走的最大好处就是保持健康。

健走依靠脚部力量带动全身力量，消耗身体的能量和精力，改善和增强人体的新陈代谢功能，提高呼吸系统的呼吸功能和心脏系统的供血功能，进一步提高人体的免疫能力，预防和抵抗各种疾病的入侵。

健走能够培养人健康的生活习惯，完善人的神经系统，提升和维持人较好的认知功能，为身体的神经系统做锻炼；健走能够减少人体内荷尔蒙的分泌，增加牛胆酸的分泌，促进脂类物质的吸收，降低胆固醇的含量，降低血压，减少高血压产生的机会；健走能够让骨骼更硬朗；健走能够预防心脏病等慢性疾病；健走能够让人轻松远离糖尿病；健走能够有效地治疗睡眠……

健走在给我们的生活带来一种全新的健身方式的同时，也成就了一种良好的生活习惯，带来了更深的人生修炼。

让我们一起来了解健走吧！让我们一起参与健走吧！让我们一起爱上健走吧！

目录

CONTENT

第七章

虽然是走路，安全问题不容忽视

第八章

户外健走，很多疾病要预防

第九章

健走很快乐，这是你坚持这项运动的理由

第一章

全民健身时代到来，你的脚步跟上了吗？

当健走日益成为一项全民的运动，你是否还在辛苦地跑步，经受着快速运动剧烈的恶果？你是否还在漫无目的的散步，而散步的结果毫无成效？健走是一项完美的运动，你是否正在追求完美的路上？

走路不能随便走，健走才有养生效果

提起健身，提起一种人人都能做的简单运动，大部分人首先想到的可能还是跑步，其次会想到散步，很少有人想到健走，因为健走也是近些年才渐渐被人们所熟知。但是跑步会使身体承受很大的风险，而散步作为一种慢运动，效果的呈现速度并不明显，而健走恰好是一种比跑步安全，比散步有效的运动方式。

一、跑步的弊端

根据科学实验有效统计，人每天平均走 6500 步，走一步，脚底所承受的冲击是体重的 1 ~ 2 倍，而跑步将冲击力提高到 3 倍。意思是说，按走路脚底承受的冲击是体重的 1.5 倍，那么你跑了 3000 步，就承受了你走路走了 6000 步的冲击，对身体所造成的伤害可想而知。

跑步对身体有一定的好处，但跑步对身体所造成的负担和伤害不是那些微不足道的好处能够弥补的。对于有一定年龄或者长久没有运动习惯的人来说，跑步会使他们的脚和膝关节遭受很大的运动伤害，而对于身体器官比如心脏、肝脏等有严重问题的人，跑步会影响血管的健康，造成氧气不足，血流耗费的情况。

我同事的父亲有轻度肥胖，偶尔会有头痛的症状，医生断定其有脑溢血前兆。他在单位体检时发现自己的血压偏高，医生判定是肥胖造成的，于是他主动参加小区组织的跑步减肥计划，进行高强度的训练，每天跑10公里，同时还伴有激烈的身体运动。由于同事的父亲已经年过60，而且也没有长期锻炼的习惯，突然的高强度的跑步使他体内的氧气供应不足，血流耗费情况加剧，最后竟提前引发了脑溢血的病症。

二、散步的低成效

大多数的老年人都会以“饭后散步”作为保持身体健康的方式，因为散步消耗的氧气和血流不多，承受的冲击也小，但散步时一般心情悠闲，时间也因晚饭时间不同而不固定，很大程度上受时间的限制。散步时，人的脚步微微抬高，平贴地面，又走得不快，运动量不大，更可能因为每天的运动次数不足，从而很难为健康带来真正的好处。

所以，即使每天固定时间，固定次数的散步，也极少有人能够达到健康的标准。散步虽然比跑步承受的伤害较少，但真的对健康并没有足够的帮助。因此，散步的低消耗也决定了它的低成效，我们虽然强调减少运动伤害，但也要保持运动数量和质量，这样我们才能保持身体健康。

三、健走的完美

很多人对健走这项运动并不熟悉，认为健走不过是激烈的散步，平淡的跑步而已。实际上，健走这项正在慢慢被全民接受的运动，能够增进身体所有部位的健康，能够使人拥有一个良好的体质。

健走的最大好处，可以归纳为“塑身”和“健康”两个方面，而“健康”是我们一生关心的重点，因为只有拥有了健康的体魄，我们才能获得更好的生活品质。

接下来，我们就通过一个大的专题来了解一下这项最简单，人人都可以做到的运动锻炼方式吧。

不少朋友跟我反映，他们以及他们的父母在每天晚餐后坚持散步，每个星期有 5 次，每次 40 分钟，他们发现自己除了消化系统变得不错，身体的其他部位并没有得到很好的疗效，甚至感冒什么的病症依旧三天两头到访，心血管等慢性疾病也没有得到有效的缓解。

有一天，跟朋友一起吃饭，他在饭后谈起他的邻居，邻居以前是一个大胖子，看起来圆圆滚滚的，大概有 200 斤，而且每天早上房间里都会传出一股中药的味道，问了才知道，邻居因为胖而有很多的慢性疾病，比如高血压、高血脂、高血糖等，大概过了半年的时间，朋友有一天出门突然遇到了邻居，从背后看起码瘦了 50 斤的样子，如果不是邻居叫他的名字，他都不敢确认是不是邻居。朋友说他的邻居面色看起来容光焕发的，脸简直是瘦了一圈。朋友想起这些天，每天早晨邻居的房间里再也没有传出中药味道，就好奇地多问了一句：你最近不喝中药调理了？邻居露出一个大大的笑脸，他说他这半年一直都在健走，人瘦了一圈，现在只有 140 斤了，而且以前的那些因为肥胖才有的病痛都慢慢地不见了，身体状况非常好，邻居还说他还要再坚持下去。

带你了解世界上最简单的运动

大力提倡慢跑的詹姆士·费克斯猝死于慢跑的过程中，医生判定死亡原因是脑动脉血管硬化，但他在慢跑过程中速度快慢不均以及氧气和血流的不足也是造成猝死的重要原因。跑步的弊端使人们不得不思考一种更安全，更健康的方式。

健走，最早起源于欧洲，更精确地说，来源于芬兰。北欧的天气较冷，常下雪，人们就模仿滑雪的姿势，拿着握杆走，最开始的目的是在快速走动的过程中保持身体的平衡，同时也保持体力的均衡，后来，热爱运动的人慢慢尝试这项运动，即使轻松地走路，也能消耗平时散步 10 倍以上的脂肪。更多的人是因为它的“减肥”功能而加入到这项运动中来的，后逐渐发现健走的健康，因此慢慢把这项运动传播开来。

目前，这项简单的运动在很多国家普及，越来越多的人在慢慢加入这项运动，因为它不受任何年龄、性别、体力等方面的限制，属于“低投入、高产出”的绿色运动方式，深得大家的喜欢。

健走比跑步所承受的伤害小，又跟平时走路并没有多大的差别，也不受任何器材的束缚，更没有时间和空间的限制，人人能够随时随地的参与，因此受到了大众的欢迎。科学地说，健走的时间会有一个标准，不能“三天打鱼，两天晒网”，它要求每个星期进行 3 次 30 分钟以上的健走运动，那么与散步相比较，会有一些运动的特点。

健走也有它的姿势要求，只有正确的姿势，才能够达到健走的完美效果。首先，保持膝盖的微微弯起，健走要求步伐较大，超过平时走路的步伐，并且有意识地让脚跟先着地，然后让脚底和脚趾有顺序地着地，接着用脚趾发力蹬开地面。

再者，健走时，双臂也要配合节奏做运动，双臂大致形成直角，即 90 度，有节奏地摆动，向上与肩部同齐，向下越过臀部。

然后，健走也有速度的要求，过快也会导致供养不足，过慢则成效不高。根据运动医学界有一项公式规定：（220 －年龄）×（75% ~ 80%）＝个人每分钟最佳的训练脉搏率，也就是说，一个 20 岁的人脉搏应该保持在 150 ~ 160 次 / 分，而一个 40 岁的人就应该保持在 135 ~ 144 次 / 分，而且根据体重和平时健康水平的不同再做不同程度的调整，假如某人本身患有慢性病，比如心脏病、高血压等，那么最佳的训练脉搏率应该缩小到正常值的一半。

健走的运动特征是比散步的成效要高，但比跑步要低，因此更受到大家的欢迎和喜爱。具体地说，健走能够提高人的免疫力、对抗疾病的能力和活动能力。

一、健走能够提高人的免疫力

健走是依靠脚步力量带动全身力量，能够改善和增强人体的新陈代谢的功能，提高呼吸系统的能力，在消耗体内能量的同时，也提高了免疫力，不感冒，少生病。而且，科学的健走方式在一定程度上能够使人骨髓的造血功能得到更好的开发，提高血液中红细胞、血红蛋白的含量，进而影响人的呼吸系统、血管系统，甚至是中枢神经系统，进一步提升人的身体免疫能力，甚至能够预防老年痴呆症的发生。

二、健走能够提高人对抗疾病的能力

健走时，虽然心脏负担的幅度比散步要快，但从心脏能够负荷的程度来说，属于正常范围之内，而且相对于跑步来说，健走对心脏的负担并不大，对心脏而言是安全的，同时，健走能够增强心肌，增厚心壁，扩大心脏的容纳能力，以预防心血管疾病。可以说，健走是预防疾病的重要手段。

三、健走能够提高人的活动能力

健走活动腿部神经，能够有效地阻止肌肉萎缩和骨骼关节功能退化。健走的节奏要求平稳，不能时快时慢，因此运动的血流量都是比较固定的，从而在肌肉压力的帮助下对心血管起到了舒缓的作用，能够积极地恢复血管的弹性，促进血液流通，减少血液停滞，唤醒身体的运动细胞，从而提高活动能力。

一个月前，当我跟身边的朋友说起我最近正在准备健走的时候，朋友们还是略微感到惊讶的，一方面他们不了解健走是一项什么样的运动，另一方面他们不知道健走这项运动能够为我，为我的身体带来什么好处。每一项新的事物出现在人面前的时候，都会引起人的质疑，不管是好的事情还是坏的事情，一开始都会受到别人的怀疑，因为无法判断好坏，所以一开始就抱有怀疑的态度，对于以后的发展是好的，如果事物朝好的方向发展，那么可以解释说出乎意料地发展了；如果事物朝坏的方向发展了，就可以理所当然地感慨一句：看吧，我说了没什么用吧。

现在，当我跟身边的朋友吃饭的时候，他们都很讶异于我的改变，因为最近我变瘦了，身材慢慢地有了曲线，而且总是容光焕发的，工作效率也提高了，当他们问我为什么变了这么多，我笑笑说："一个月前，我不是说了我正在准备健走嘛，看你们的表情，都是一副不相信的模样，现在看到了吧，看到了健走带给我的改变了吧。"他们一个个都惊讶地问是不是真的，我劝他们也去尝试尝试，因为一件新生事物的好坏是靠时间检验出来的，只有亲身的尝试，才能够知道事物的好坏。

你也许不知道健走正在风靡全球

健走这项运动一开始最受中老年人关注和喜欢，因为借助手杖行走能够使人的底盘较为稳定，哪怕是走比较崎岖的山路也丝毫不成问题，而且手杖能够帮助减轻大腿、小腿和脚的主要压力，减少踝关节的伤痛以及鞋子造成的磨损，保护了膝关节，有效地提高了走路的安全性。

接着，人们慢慢发现健走也是一项减肥的运动。因为健走能够促进身体大约 90% 的骨骼肌运动，而跑步只用到了大约 70%，而散步大概只能用到跑步的一半，也就是说健走比平常跑步或者散步要燃烧释放更多的热量，从而能有效地促进减肥，因此更多的男女老少正在加入到这项运动中来。

后来，人们发现健走除了能够锻炼腿部肌肉，能够减肥之外，还发现健走不同于跑步和散步的是，它能够带动全身肌肉的运动，保护心脏、心血管、背部等，因而更多追求健康生活的人也慢慢加入到这项运动中来，也有越来越多的组织正在重视这项运动，并把它提升到一种"全民运动"

的高度，也有越来越多专业的书籍专门介绍起健走这门运动来。

健走最早起源于欧洲。大约在 20 世纪 30 年代，芬兰的运动滑雪选手使用滑雪手杖快走，用来保持身体的平衡和保存体力，人们发现利用手杖疾走能够锻炼身体，健走这项运动慢慢浮出水面。

大约 20 世纪末，芬兰人在原先疾走的基础上近乎创造性地发明了这项运动。此后，这项运动以一种疯狂的速度传遍了整个欧洲。

21 世纪初，台湾成立“国际北欧健走协会”，简称“INWA”，大概的定义是——用手杖协助健走。

2006 年，太平湖风景区成立了中国第一个健走基地。

2007 年 8 月 8 日，为了迎接北京奥运会倒计时一周年，国家体育总局、北京市政府和第 29 届奥林匹克运动会组委会在中华世纪坛共同主办“迎奥运倒计时一周年全民健身优秀项目展暨全国亿万群众迎奥运健身行”活动。不难看出，健走正在成为一项被全民认可的运动，成为一道城市面貌展示的风景线。

2009 年，台湾富声国际股份有限公司的陈富景先生，因为个人健身的需求，正式引进健走这项运动，之后慢慢向台湾推广。当时的健走是一定要借助手杖的，而手杖是根据健走者的身高等特殊要求来制定，从而更好地契合健走者的运动体质。目前，已有大约数千万人从事这项运动。

近年来，国家体育总局积极倡导国务院颁发的《全民健身计划纲要》，向全国民众推广这项简单的运动，动员各个行业，各个年龄层的人们积极参与进来，以促进身体健康，提高全民的素质。

2013 年上半年，华东理工大学校工会建立了教工健走协会，目前已有会员近 250 人，成了校内规模最大的教工社团。

2013 年 6 月 2 日至 10 月 20 日，华东理工大学教工健走协会开展了历时长达 150 天的以“走校史，迎校庆”为主题的团队健走活动。

2014 年 12 月 28 日上午，华东理工大学教工健走协会开始了越冬“悦动”的新行程。此次环湖健走全程共 8.6 公里，有 108 名教工参加了此次活动。健走这项运动帮助长期坐在办公室，坐在电脑前，“坐以待病”的教工们强身健体，建立了良好的生活方式。

2014 年 9 月 18 日，北京工商大学申请成立“北京工商大学健走协会”，秉持着“好身体是走出来的”的理念，大力宣传健走对身体的好处，组织开展健走活动，强身健体，提高工作效率和生活质量，为营造健康、和谐的校园文化氛围做出贡献。

健走到底能给我们带来什么

曾有人说，健走就像一贴“医生免费的处方”，如果长期坚持服用，能够减少得病的概率，帮助你活得健康，活得长寿。有人好奇，健走这项运动，不过比走路加快了一点节奏，为何会如此受到大家的喜爱和欢迎。也有人不禁在问，到底健走能够给人们的生活带来什么样的好处呢？这些好处又是否真的对人有帮助呢？

一、对身体器官的好处

（一）头脑

健走能够使人打起精神，是因为在运动的过程中，头脑会释放出内啡呔，这种物质能够使人精神愉悦，而健走过程中要求昂首，就是必须抬着头，能帮助摆脱头痛，而且过程中耗费的体力加大了呼吸的通气量，进而对脑循环顺畅有效。

（二）肩部

现在的办公室员工长期坐在椅子上，弯着腰，颈椎常常受到很大的压力，如果姿势长期不正确，肩膀就很容易酸痛。健走要求昂首挺胸，肩膀板直，处于一个正确而平衡的状态，自然而然地拉直了肩膀的肌肉，从而减少肩膀酸痛。

（三）背部

我们在跑步的过程中，腰椎间盘受震颠造成压力，因而跑步者一般都会有背部疼痛的问题，而健走时，脚底不会承受震动和颠动的压力，因而不会受伤，同时双手摆臂的过程中又能加强背部肌肉的力量，保护脊椎的形状和功能。

（四）骨骼

健走是一种运动，运动的训练会对人的骨骼施加一定重量，帮助人的身体更好地吸收钙质，防止骨质疏松。每周 4 ～ 5 次，每次 30 分钟的健走更加能够使骨骼达到完美的弧度，得到很好的锻炼。

（五）腰部

现代人在行走时一般不大在意走路的姿势，常常弯腰驼背一整天，长期如此，腰部会变得僵硬。最有效的方式就是进行健走，因为健走时要保持昂首挺胸，腰部挺直，自然就拉伸了腰部的肌肉，减少腰部肌肉的疼痛。

（六）膝盖

据医学报道，中国每年有近 4000 千万人的膝盖有疼痛的困扰。有句谚语——老从腿开始！人体全身大约四百条肌肉都聚集在下半身，占了人体全部的三分之二，而人每走一步就会用到下半身近乎一半的肌肉，当人到达一定年龄，肌肉的持续力自然会日渐衰退，下半身尤甚，因为人一般做的运动都集中在下半身，特别是膝盖处，因此下半身的锻炼对于保持健康的身体尤为重要。

试想，一旦保持好了下半身的健康，人平时的运动，比如爬楼梯、走路都不会出现体力不支的现象，因此大腿、小腿和膝盖的肌肉完好无损，自然也不会出现错误的姿势，更不会轻易产生肌肉酸痛的现象。而保持膝盖的良好肌肉，防止膝盖退化，就要求我们保持适当的体重，不让下半身承受过度的压力，与此同时也加强肌肉的作用，自然对膝盖的保护有很大的作用，减少下雨天的疼痛。

二、预防疾病的发生

（一）避免肥胖症

近年来，影响和困扰人最深的是肥胖，除了腰部和腿部脂肪的堆积，如今肝脂肪的堆积更是困扰人们，因为肝脂肪的堆积会影响人的血液循环，一旦血液不能流到肝脏，那么肝脏的新陈代谢功能就会减弱，从而导致脂肪的堆积，使人肥胖，影响人的健康。

（二）远离乳癌的威胁

患乳癌的原因有很多，而缺少运动是一项重要的原因。根据美国的一本杂志做过的一项长达 20 年的统计研究，假如一个人一个星期的运动总时达到 7 ～ 8 小时，那么乳癌罹患率就会减少 15% ～ 20%。更多的研究指出，每个人最理想的运动就是健走，因为健走比跑步要安全，比散步要有效果。

（三）谨防动脉硬化

现代人大多有着不健康的饮食习惯和生活习惯，常常吃得过饱，以及会有宿醉的不良习惯，这些行为导致人体内血液中的胆固醇与中性脂肪的量异常增高。血液中胆固醇量过多会造成很大的危害，胆固醇会逐渐渗入血管壁，从而能导致动脉变硬变狭窄，这样血液就会流通不便，从而加大心肌梗死、脑梗死等病的可能性。

健走作为一项运动，只要是持续半小时以上的健走，就能帮助分解人体内的中性脂肪，从而保护人体的健康，而胆固醇的瓦解能够有效地预防动脉硬化。

除了生理上的健康，健走也能够使人的心理变得健康，据长时间的观察，喜欢健走的人都慢慢地变得自信，变得乐观，让人感觉精神愉快，从而享受到更好的生活。我们发现，原来最平凡的行为，一种贯穿我们生活时时刻刻的运动，却有着最不平凡的效果。

我大姨在我的印象里一直是一个病秧子，她有轻微的哮喘病，而且常年被肺病所困扰，我每年寒暑假回家，几乎都看到她在住院，她“享受”着先进的医疗技术，服用昂贵的抗生素，很注意饮食，这个不吃，那个不吃，可是几年下来，整个人依旧病恹恹的，病情始终不见改善。

偶然机会，她无意间参加了小区的一次健康讲座，主讲人提到，保持健康最主要也最有效的方式就是——运动，尤其是健走这项运动，能够使人摆脱疾病的困扰，拥有一个幸福的生活。大姨在投医无望之后，也相信了运动的作用，不过因为她从来没有运动的习惯，于是她慢慢地从最普通的走路和散步开始，然后慢慢加快速度，进行健走的训练。

几个月下来，大姨的脸色明显变得好多了，去医院检查时发现肺变得健康了，哮喘的症状也减轻了，她开始与住院、与成堆的药品和抗生素说再见，她还积极参加小区组织的运动会，俨然成了“运动小标兵”。大姨说，她现在开始觉得自己年轻多了，开始发现原来生活可以这么多姿多彩，她说她会把健走这项运动进行到底。

第二章

健走，为我们的身体竖起『防火墙』

我们已经从前面的一章大致了解了健走这项运动，也初步体会到健走能够对人身体的各个部位产生良好的作用和益处，那么健走对人的身体疾病到底能够产生什么样的帮助呢？接下来，让我们通过专门的一章来了解健走是怎样为我们的身体竖起『防火墙』的。

健走，给我们的神经系统做锻炼

神经系统对人体来说是至关重要的，因为它在人身体中的功能起主导调节系统作用。人身体的结构和功能都十分复杂，因为它与人体里的各个器官，各个生理系统都密切相关，人身体里的每一项功能都是相辅相成，而不是单独进行并产生作用的，而在人体内的各项运作中，神经系统是直接或者间接对人体的各种器官和系统进行调控的，这样人体才能成为一个完整统一的整体，维持着正常的生命运动。与此同时，神经系统又是极度敏感的，能够随时感应外部的环境变化，并根据变化进行迅速地调整，使人能够适应环境的各种变化。

但是，神经系统又是十分脆弱的，它的中枢神经系统、周围神经系统和自主神经系统等会因为生活习惯和环境变化而产生功能性障碍，医学上又称“神经病”，例如脑血管疾病、癫痫、脑炎、脑膜炎等临床疾病，但大多数的还是慢性病，对平时的工作和生活造成的影响很大。

神经系统疾病的引发有很多种病因，有些是遗传，但更多的是由于平时不健康的饮食习惯和生活习惯。

比如营养缺失。不少人在平时的生活饮食中会挑食，而导致某些营养成分的缺失，比如维生素 A、维生素 B 等，进而影响到神经系统，造成脑部的神经损伤。

比如，新陈代谢紊乱。现代人的饮食习惯和生活习惯并不好，现代食品中会过度含有某些金属元素，过度食用会导致身体的亚健康状态和一些疾病，例如低血糖症、缺钙症，以及肝脏的各种毛病，都会影响到神经系统。

比如，年龄增长。人一旦步入一定的年纪，认知状态就会进入萎缩状态，如若不对头脑中的神经系统进行锻炼，“银发族”就有很大的可能性得老年痴呆症，即阿尔茨海默病。

因此，保护神经系统是保持健康最重要的步骤。

健走能给我们的神经系统进行锻炼。通过每周固定时间的健走运动，能够培养我们良好的生活习惯，解决身体的亚健康状态，从而完善人体神经系统，提升和维持人体较好的认知功能，防止老年痴呆症的发生。医生建议的运动状况是，每周大于 3 天，每次运动超过 45 分钟时间的健走，这样能够促进脑部精神系统的活跃。

人体最耗费氧气的部分也是我们的脑部神经系统，运动过程中的呼吸交叉能够扩大人的氧气供给，而深呼吸能够为脑部提供充足的氧气，改善脑神经细胞功能。在健走过程中，配合正确的呼吸法，既能够促进脑部神经循环，又能使全身的血液畅通，自然而然地就能够提高人的认知功能，从而防止老年痴呆症的发生。

健走这项看似简单的运动，却能够对人体最重要的神经系统产生至关重要的影响。因此，每周进行一定数量的健走运动是十分有必要的，且一定会有良好的收益和效果。

预防心脏最简单的方式是健走

心脏是人体十分重要的器官之一，它作为人体血液循环系统中的最主要的动力，能够为血液循环提供压力，从而把血液运行到身体的各个部位，向体内的各个器官，各个组织提供充足的血流量，血液里同时供养氧气和各种维持人体生活迹象的营养物质，比如水、葡萄糖、蛋白质和各种营养性的维生素，保持人体内部血液畅通，维持人体正常的新陈代谢，促进体内细胞的灵活。

心脏是血液运输的动力器官，只有心脏保持完整的活力，血液的流通才能够顺畅，因为心脏除了血液运输之外，同时还负责运输各种激素，维持人体内各种功能和体内环境的平衡，因此人的心脏作用是十分巨大的，心脏的每一次跳动都影响人体的健康。

如果不好好保护心脏，心脏也会脆弱地受到各种伤害。

比如，心脏疼痛。如果体内得不到足够的氧气供给和血液补充，生活中常说的心肌绞痛也是因为心脏得不到充足的血液供应而产生的一种疼痛。

比如，气促。气促可以说是心力衰竭的一种常见症状，常常出现在体力活动中，比如跑步，因为心脏承受的压力比较大，心脏一旦超出了负荷能力，那么即便是最轻程度的慢跑也会发生气促的情况，从而影响到整个心脏。

比如，乏力。不少人在进行跑步锻炼之后，身体会出现巨大的疲惫感。

因为在运动的过程中，心脏供向肌肉的血不足以满足肌肉的需要，因此常常会感到疲乏与倦怠，但这些轻微的症状并不能引起人的足够重视，当疾病积累过后，人的心脏就会出现严重的问题，长期提不起力气，甚至会全身无力。

为了维持肌肉的良好运作和身体健康，我们必须保护好心脏。如何能够让心脏更好地得到保护呢？医生建议，要适量地运动，积极参加适量的体育运动，而适量的体育运动要求不能对人的身体产生过多的压力，跑步会产生身体不能负荷的压力，而散步的成效不够维持心脏的运作，而健走是一种恰当的运动，既有利于增强心脏的功能，又促进身体正常的新陈代谢，尤其是能够促进脂肪溶解。

而对于心脏病的患者，由于心脏功能本身就有一定程度的减弱，所以并不适合高强度的运动，而健走是属于低投入的运动，有利于促进血液循环，增强身体的抵抗力，进而提高人体内各个器官和各个组织的功能。

引发心脏病的原因多种多样，每个生活在现代的人都十分担心自己会有心脏病，因而总是进行医学的疗养，但成效并不大。相关的医学报道指出，一个礼拜健走超出 3 个小时，就可以使得心脏病的风险直接降低 35% ~ 40%，很多国家的医学杂志也同时指出，每天坚持健走运动，每次坚持 40 分钟以上，可以维持心脏功能的健康状况。

每次去小区医院，总有不少社区医生谈起很多人为了减肥，错听医生的各种嘱咐，从来没有任何运动经验的人直接进行剧烈的跑步运动，有时候一个晚上就跑半个小时，常常跑到气喘吁吁，面红耳赤，超出了身体的负荷能力，因为本身没有良好的运动习惯，突然的高强度的运动会使心脏的血液循环来不及反应，从而导致供血不足，产生心脏疼痛的情况。

有一个姓陈的病人，他已经50岁了，身材不胖，但这几年常常生病，尤其是心脏常常出现问题，偶尔会阵痛。他来找我，我给他配了药，让他多运动运动，他挺在意自己的健康的，就开始每天晚上跑步半个小时，身体受不了了，有一次在跑步的时候直接倒在小区的路上，被居民直接送到了医院。

我在得知了他的具体情况以后，仔细地分析了陈先生的生活习惯和生活作息的时间，苦口婆心地跟陈先生说，由于他上了年纪，不适合高强度的运动，跑步对于陈先生的身体来说伤害太大了，因此希望陈先生主动组织一个小区健走协会，让跟陈先生年龄差不多，心脏有问题的人加入进来，每天晚餐后，花半个小时的时间在小区内健走，每天都坚持。陈先生在健走了半个月之后，去医院复诊，我检查他的身体情况，发现陈先生的心脏病的病状得到了有效的缓解。陈先生也说，这半个月他的心脏都没有痛过，而且整个人也精神多了。

陈先生自豪地说，现在小区里的医生会受他的邀请，抽空去他组织的健走协会里，为健走者做一个完整的体检，同时指导他们正确的健走方式和姿势，从而提高健走的质量，每个傍晚，小区内一个由陈先生领头的健走的队伍成为小区一道亮丽的风景线。

多走路，让血管享受你的按摩

人体血管是指体内血液流经的一系列管道，血管存在于人体的每一处，它主要负责输送血液、组织和各种基本物质，科学上说，血脉主要分为动脉、静脉和毛细血管三种，动脉负责将血液从心脏这个动力系统运往全身的各个组织，静脉则负责将血液从全身的各个组织运输回心脏，而毛细血管则负责链接动脉和静脉，为血液和组织进行物质交换提供一个便利的场所。

血管的管壁厚薄是衡量血管是否健康的标准，管壁越厚，就表示含有十分丰富的弹性纤维，具有灵活的弹性和可扩张性。

当人步入了一定的年纪，随着人体内各种器官的老化和受损，血管的弹性也会慢慢消失。血管富有弹性是为了使体内血液的流动畅通，因此它的内壁是十分柔软的。人老了以后，由于胆固醇增加，会造成血管内隆起，使内壁增厚，并且变硬，那么血管内的空间自然变窄，血液循环开始不顺畅，如果不及时解决继续恶化的话，内壁就会完全堵塞，血液和各种组织无法进行运输，心脏和人体的各个器官都没有办法得到营养。

血管堵塞的坏处并不是只有血液和组织不能运输交换，更有甚者会记忆力衰退，对数字等各种知识完全记不住；性格突然改变，喜怒无常；注意力不集中，反应变得迟钝，行为动作也变得迟钝；常常有头晕、头痛的现象，反复发作；产生高血压等慢性病。

追溯造成内壁变厚的原因，当然也是多种多样，但是要从最实际的生活习惯来说，吸烟、大量酗酒、不良的饮食习惯和运动量不足都会造成血管的内壁变厚，同时人的年龄一直往上走也对此有影响。因此，为了防止人体内重要的血管出现问题，在控制饮食的同时，应该结合运动疗法，医生根据每个人身体所能负荷的状况，认为跑步所承受的压力过大，最好的运动方式就是每天坚持 30 分钟以上的健走。

人在中年之后的高血压等慢性病形成的主要原因是荷尔蒙的分泌导致

血压的上升，每天 30 分钟的健走运动能够减少人体内荷尔蒙的分泌，减少血压上升的机会；同时，健走也会增加牛胆酸的分泌，牛胆酸属中枢抑制性递质，主要作用是促进脂类的物质吸收，有利于降低胆固醇的含量，同时具有降低血压的作用。

如若患有严重的高血压等慢性病，应该事先了解好身体所能承受的状况，先从最基础的散步开始，然后一步步发展到健走，并保证每次的运动量必须在 30 分钟以上。

奶奶 50 岁以后，高血压的病状就慢慢显现出来，她每天都要服用降血压药，每天从不间断，可是药吃了很多，她每年去医院检查，血压常年高居不下，一点也没有改善的意思。我看着奶奶总是被高血压折磨，心里很不开心，于是我每天傍晚都带她出去散步，奶奶一直都住在家里，常年不出门运动，所以一开始她很吃力，于是我带着她慢慢走，每次大约走半个小时就回去了，大概一个多星期，我感觉奶奶已经适应了散步，我就开始教她如何健走，她开始有点不适应，但因为使用了正确的姿势，发现走的轻松，我每天都陪她健走半小时，大约过了半年，再去医院检查，医生说奶奶的血压降下来了，并让她继续保持现在的生活作息。我看着奶奶偷偷地笑了，她后来说想不到花了那么多钱，吃了那么多药，还不如每天晚上自己走走路，身体又健康，又享受着天伦之乐。我心里听了很开心。

饭后百步走，轻松远离糖尿病

糖尿病是一种经常困扰现代人的疾病，它是一种以高血糖为基本特征的代谢性疾病。糖尿病的产生有两种原因，第一种是遗传因素，在各种医学数据的研究上，不难发现糖尿病存在家族发病的倾向，直系亲属患有糖尿病的，那么遗传到糖尿病的概论为 25% ~ 50%。第二种自然就是环境因素了。糖尿病的主要特征是高血糖，而高血糖则是因为体内胰岛素分泌的缺陷而导致的，而胰岛素分泌的缺陷在很大程度上是由于体力活动减少导致的肥胖造成的，由于肥胖导致免疫系统异常，从而进一步破坏了胰岛素细胞，引发糖尿病。

糖尿病患者，一般会有多吃、多尿等典型的症状，严重的会全身困乏无力。

目前，全国有将近 4000 万的儿童和成人患有糖尿病，仅次于印度名列世界第二。这样的排行榜并不光荣，反而令人心痛，每年除了儿童和成年人，也有很多的老人患有糖尿病，根据医学数据统计，2005 年我国因糖尿病死亡的人数为 150 万人，按这样的趋势估计，到了 2025 年，我国因糖尿病死亡的人数将增加到 420 万！这是一个多么可怕的数字啊！

一般糖尿病的成因主要是因为人体不能产生足够的胰岛素，或者即使产生了足够的胰岛素，但体内的细胞不能够有效地利用这种有用的激素。胰岛素是能够促进葡萄糖从血液进入到细胞中，转化成人体可利用的能源，维持人的生命运动。如果体内缺少了胰岛素或者胰岛素的利用出现了问题，那么葡萄糖就会积聚在血液中，会损害人体内的细胞和血管。中老年人罹患糖尿病的原因有饮食过度和运动不足，现在的儿童也在面临着这种现状。

糖尿病是一种日常生活中最常见的疾病，它危害人们的身体，最难过的是，糖尿病一般不能够被治愈，只能通过药物和医学技术的控制来得到缓解。所以，对于糖尿病来说，预防为主，治疗为辅。

那么，我们不免好奇到底有什么好的方法可以有效地预防糖尿病呢？我们一直依靠药物，依靠医院，收获的效果却微乎其微，其实预防的方法很简单，不需要多花钱，也不需要受药物的折磨，只要每天坚持饭后多动动，多走走，就能对预防糖尿病起到非常好的效果。

2013 年上半年，一项新的研究数据显示，每次在饭后走路 30 分钟对身体健康大有裨益，对预防Ⅱ型糖尿病，也就是由于环境因素引起的糖尿病的风险更是大有好处。餐后适度有节奏的散步，也就是有规律地健走 15 分钟，对调节糖尿病人血糖有良好的功效，与每天一次性散步 45 分钟的作用相当，甚至更好。

据报道，专门研究糖尿病的医学专家肯定，饭后健走确实能够降低体内血糖的含量，每次健走的时间保持在 20 ～ 30 分钟以上，就能够非常有效地控制血糖，因为在健走的过程中，下半身起主要动力作用，而全身的肌肉收缩可以有效地降低血液中的血糖含量。据更多的研究数据，饭后适量的有节奏的健走能够有助于减少患糖尿病的风险，更有医学研究明确指出，一天健走 1 个小时，对于Ⅱ型糖尿病，也就是因为环境因素引发的糖尿病，有 50% 的预防效果。并且，饭后的健走对于降低餐后血糖能够长达 3 小时以及更久。

因此，我们应该在日常生活中增加体力活动，也就是除了限制每天的饮食量，减少体内血糖的堆积，同时用健走这项运动把每天吸收的血糖健康消耗掉，在一定程度上可以改善胰岛素的灵活性，从而改善血糖的吸收，起到良好的预防作用。

坚持每天健走，骨头更硬朗

骨头支起了我们身体的骨架，如果没有骨头，我们只会是一摊肉，毫无形状，同时我们也知道骨头是十分坚硬的东西，这是因为骨头里面的组织是由活细胞和矿物质，主要成分是钙和磷，混合构成的，也正是这些特殊的矿物质使骨头成为坚实的物体，构成骨架，支撑起我们的身体，维持身体姿势。

骨头除了起到了支撑和支持的作用以外，对于我们的身体，它们也发挥着至关重要的作用，比如运动功能，只有骨头链接韧带和肌肉，身体才能够产生运动的力量；比如骨头能够保护人体内部的各种器官，像颅骨保护了头脑，肋骨保护了胸腔；比如贮存功能，骨头里储存着人体重要的矿物质，也就是使骨头十分坚硬的物质——钙和磷；最重要的是骨头也有造血功能，骨髓会在人体的空隙里通过造血功能制造血球，维持人体器官正常运作。

人体内的所有器官都发挥着重要的作用，因为重要，所以他们也有软弱的一面。骨头虽然是十分坚硬的，但如果不好好地保护它，那么它也会

“生病”。我们日常所知道的骨质疏松就是骨头最害怕得的病。骨质疏松，医学上称为骨质疏松症，是一种骨组织有正常的钙化，钙盐与基质呈正常比例，以单位体积内骨组织量减少为特点的代谢性骨病变。骨头组织的减少是因为骨质吸收突然增多导致的，骨质吸收增多则是因为骨头缺少钙质而慢慢老化造成的。

骨质疏松的产生是有多种原因的。一种是原发性，即幼年型、成年型、女子绝经期型和老年型，即任何年龄的任何人群都有可能得骨质疏松这样的病；另一种则是由后天的各种原因引发的，比如缺乏蛋白质、维生素 C、维生素 D 和钙物质，比如由肝病、肾病、肿瘤等其他慢性病引发的并发症，而导致了骨质疏松。

骨质疏松引发的人体症状多见腰背痛，疼痛蔓延脊椎而向两边扩散，长久站立、长久坐和突然直立都会导致疼痛加剧，弯腰、咳嗽和如厕用力时都会加重疼痛，只能长时间躺着或以一个舒适的姿势坐着。严重的骨质疏松会出现驼背、骨折等现象，属于并发症，因为骨头的坚韧性下降，所以骨头很容易折断，而体内的脊椎因为缺少骨头坚硬的支撑而压缩变形，形成驼背现象。而一旦驼背，体内的胸腔、脊椎等融进骨折，也有一定程度的变形，因此导致人体肺活量和换气量减少，常常会出现胸闷、气短、呼吸困难等症状。

医学报道指出，骨量一般丢失 12% 以上，就需要立刻引起重视，因为随之出现的就可能是腰骨痛、骨折等现象。我们都知道随着年龄的增长，骨质会逐渐流失，骨质疏松会加重，驼背曲度也会加大，一般老年人骨质疏松时椎体受到压缩，每椎体缩短 2 毫米左右，因此老人的身高平均就会缩短 3 ～ 6 厘米。而骨头一旦变干变脆，就容易骨折或腰痛。老年骨质疏松时，椎体压缩变形，轻微者产生疼痛，再严重一点，疼痛会影响神经系统，甚至影响膀胱和直肠功能，更甚者会出现心肌绞痛的情况。

预防骨质疏松的方法也很简单，除了摄取一定量的钙物质，补足骨头里的营养以外，最重要的还是健走，成年后的健走能够维持骨头组织的稳定，同时提高人的灵敏度和平衡能力，因为健走要求双手平衡摆动，双脚和臀部的运动都处于一个上下摆动平衡的状态。同时，一般健走的地点都会在户外，而时间条件十分自由，任何时刻走在路上都可以进行健走锻炼，早晨上班或者中午休息时都可以进行健走，此时室外有充足的阳光，阳光中有丰富的维生素 D，维生素 D 和他新陈代谢的产物能够促进钙吸收和骨头的钙化，也能够促进骨头的形成，增强骨头的强硬度。

因此，健走能够使我们的骨头更加强硬，使我们远离骨质疏松，拥有一份好骨骼，支撑起我们的身体，从而拥有更好的生活。

夜夜失眠，不如试试健走疗法

睡眠是我们日常生活中最熟悉的活动之一。人的一生有 1/3 的时间是在睡眠中度过的。睡眠是消除身体疲劳的主要方式，在睡眠期间，胃肠道及其有关脏器合成并制造人体能量物质以供活动时用。睡眠充足能够使精力充沛，思维敏捷，办事效率高，这是因为大脑在睡眠状态下耗氧量大大减少，有利于脑细胞能量贮存。睡眠还能够促进生长发育，延缓衰老，促进长寿。当人们处于睡眠状态中时，可以使人们的大脑和身体得到休息、休整和恢复；有助于人们日常的工作和学习。科学提高睡眠质量，是人们正常工作学习生活的保障。然而，现代人正在遭遇一种叫作“失眠”的困扰……

一、有多少人在失眠

每天清晨打开朋友圈，总有一个两个在半夜里还发着状态，他们大多都在感慨，又失眠了，又睡不着了。单纯以朋友圈的例子来说，基本上成了 10 个朋友里有 1 个是失眠的，那么把范围扩大到全国、全世界，失眠的人又有多少呢？

全世界的睡眠情况不容乐观。根据大学医院的精神内科睡眠中心说法，由流行病学调查结果得知，有高达 33% 的美国人在夜晚失眠，与此同时，美国的睡眠基金会通过最新调查表示，以平均的情况来说，美国人每晚睡眠不到 7 个小时的时间，因为此时有将近 7000 万人正在失眠，其中以女性最为严重，全美国近乎三分之二的女性睡不着，近 30% 的女性要以安眠药入睡。

欧洲国家也无法逃开失眠的魔咒，英国 4% ~ 22% 的人受失眠的影响；法国的基本数据显示，超过一半的人想要在白天再睡一觉，三分之一的人在夜间睡眠时出现过睡眠紊乱的现象。

亚洲的情况也不相上下。日本，每隔 5 年就会有一次面向 8 万户家庭 18 万人的睡眠情况调查。每年的数据综合结果显示，从 1986 年起，日本人的睡眠时间不断在减少。中国的情况更加不容乐观。2006 年，在中国上海、北京等 6 个城市进行过一次睡眠情况调查，普通成年人一年内有过失眠情况的人数比例高达 57%，远远超过一半，其中 53% 的人表示失眠的情况已经超过一年，39% 的人反映失眠问题已经完全影响到日常生活了。亚太睡眠协会主席、中国现代睡眠医学的开创者和奠基人、北京协和医院主任医师黄席珍教授同时表示，与前些年相比较，中国人的睡眠中，大约有 2 亿人打鼾，3 亿人失眠，5000 万人在睡眠中发生过呼吸暂停的现象。2009 年，有过一次全球睡眠调查，专门调查中国人的睡眠状况，有 44% 的中国人在睡眠上存在着不同程度的问题，但只有一半的人意识到自己的睡眠状况出现问题，状况堪忧。不仅仅如此，失眠问题出现了低龄化的严重趋势，在中国 8 个城市针对将近 3 万名儿童的睡眠情况的一项调查数据指出，频繁打鼾发生率为 5.7%，睡眠呼吸暂停发生率为 0.49%，而通过比较研究数据显示，中国儿童比美国儿童每晚的睡眠时间少 1 个小时。

澳大利亚睡眠协会的调查则显示，超过 6% 的澳大利亚人存在失眠、打鼾等睡眠问题，40% 的人表示经过一夜的睡眠之后仍然浑身乏力。

据统计，每年全世界安眠药市场的总销售额已经高达几十亿美元，而与睡眠有关的床上用品的产业更是蓬勃发展。

睡眠是每个人生活中最重要的部分，一天 24 小时，有近乎三分之一的时间都花在睡眠上，因此随着失眠的人，失眠的情况越来越严重，人们也发现失眠越来越成为日常生活的苦恼，因此人们也越来越愿意为良好的睡眠质量花钱。

二、失眠有什么伤害

从病理学的定义上说，失眠是指无法入睡或无法保持良好的睡眠状态，从而导致睡眠不足的现象，医学上又称为入睡和维持睡眠障碍，是种常见病。失眠也就是睡眠失常，大概的表现为入睡十分困难，而且断断续续不连贯，要么聒噪地醒来，要么一旦醒来就睡不着，又或者醒来后全身乏力。

失眠虽然不属于严重的疾病，但是它会妨碍人们正常的生活、工作、学习和身体健康，严重的可能会引发心悸、胸痹、眩晕、头痛、中风等严重病症，又会因为长期服用安眠药的习惯和依赖，在身体内部引起医源性的疾病，从而给病人带来长期的痛苦。

失眠的危害是显而易见的。

从生理上来说，根据有关文献数据记载，假如夜间睡眠时间不够，那么人体内的免疫功能在第二天就会下降，导致注意力不集中、精神萎靡，全身疲惫无力，造成疲倦和动作不协调，如果长期维持夜间睡眠不足 6.5 个小时，人体就会形成“睡眠空缺”，记忆力出现障碍，人的寿命会相应缩短，同时导致人体抵抗疾病和康复的能力低下，加重其他疾病或诱发原有疾病的发作，如心脑血管、高血压等慢性病。对于 5 ~ 12 岁的儿童来说，如果患有严重的睡眠不足或缺少良好的睡眠质量，就会影响儿童的身体发育。

从心理上来说，失眠往往会给患者带来极大的心理痛苦和心理负担，长期失眠会导致心理抑郁。中国近年对 1200 名失眠患者的随访研究发现，夜晚常常失眠的人得抑郁症的危险性是其他普通人的 5 倍以上，伴随抑郁症的有更为严重的自杀、自残等行为。而一旦陷入对睡眠的担心与恐慌之中，人的性格会变得多疑、敏感、容易生气，从而影响人际关系。

从短期效应来说，当晚的睡眠不足直接影响的将是第二天的工作、学习和生活，会导致精神萎靡，全身疲惫无力，心理情绪不稳定，工作和学习的注意力不集中。

从长期效应来说，失眠的危害更是巨大和深远，大多数患者长期失眠，每晚都想睡觉，却是越想睡越睡不着，但越急就越睡不下，此时就容易引发焦虑症；同时，失眠广泛与各种疾病并存，健康状况形成恶性循环，失眠对于很多疾病来说都有诱发的可能性，比如自主神经功能失调，神经功能亢进，出现手脚多汗、心跳加快、四肢麻木、胸部压迫感加剧、呼吸急促、心悸、肌肉收缩颤抖等症状，失眠和睡眠障碍的长期累积效应与一系列的健康危害相关，将会增加高血压、糖尿病、肥胖、心脏病发作和脑卒中等慢性病的风险。

从社会的状况来说，失眠对社会也会造成极大的危害。

首先，在人际关系上，由于失眠患者陷入对于睡眠的担心与恐慌中，人的心理会变得多疑和敏感，这将会影响他们在家庭和工作中各方面的人际关系。

其次，失眠和睡眠障碍对社会经济有重大影响。失眠造成的医院服务、处方药和非处方药直接相关的医疗费每年达数百万元。患有失眠症的人生产能力降低，造成社会经济降低，而且失眠症造成的精神萎靡会加大发生意外的可能性。

再者，失眠也会带来大量的交通事故和经济损失。据我国交通部相关的数据统计，交通事故中因为疲劳驾驶而造成的交通事故占到40% ~ 80%，美国每年与睡眠问题相关的主要经济损失为 450 亿美元。澳大利亚每年因各种睡眠疾患造成的国家总花费高达 1000 亿美金。

三、我们为什么失眠

失眠越来越影响我们的日常生活，我们在承受失眠造成的痛苦的同时，也不禁沉思，究竟是什么夺走了我们的睡眠?

首先，失眠的首要原因是因为人脑压力大，长期疲劳。现代社会的生活节奏很快，每个人都急于为生活奔波，这不仅仅是中国社会的现象，全球都普遍存在这样的现象，每个人都在努力工作、努力学习，只是为了过上更好的生活，然而因为急于追求而打乱了原本的生活节奏，生活继续快着，心里也逐渐变得焦虑，晚上会失眠、睡眠质量会下降。

我身边有很多朋友常常抱怨每天晚上加班到深夜一两点，我当时还嘲笑他们为了钱也不顾自己的身体，每天都像一个守财奴似的，他有一天实在忍不住诉苦说，他们老板每天晚上都跟他们一起加班，每次看到老板都打了鸡血似的工作，他哪里敢回家，也铆足了劲地工作。好不容易回了家吧，躺在床上，脑子里也都还是公司的事情，根本睡不着，然后大概迷迷糊糊几个小时之后，天就亮了，他又要积极地去上班，不能懈怠，长期这样循环，他的身体已经负荷不了，赚再多的钱也没有用。

再者，心理上的原因也会造成失眠。有些人越来越不把睡眠当一回事情了，现在社会进步了，夜生活也开始变得多姿多彩，以前很多人都是八九点就上床睡觉了，现在的年轻人不到十一二点一般都不睡觉，有时候甚至通宵达旦地上网，进行灯红酒绿的生活。有不少人反映，因为近年来，夜生活太紊乱，睡眠也不怎么规律，甚至都得了神经衰弱，因为当时认为自己还年轻，身体好，不管多晚都熬得住，等过了两三年，身体就越来越吃不消了。而有些人则是因为对睡眠的恐惧而失眠了，一般人都认为早睡早起对身体好，如果睡得不好，身体就容易出毛病，因此他们心里十分渴望睡觉，可是有时候想要睡觉的压力大了，就会容易引起失眠。

然后，身体疾病与长期服用某些药物有关。造成失眠的身体疾病有很多，比如心脏病、肾病等慢性疾病；而有些药物本身含有兴奋的物质，这些物质会扰乱睡眠神经，让人在夜晚无法入睡。

还有，生理、心理和精神因素导致。生活环境的突然改变，会使人的心理产生不一样的反应，有些对环境适应力比较差或者比较敏感的人，就会失眠；生活的打击等社会因素会使人的神经系统的功能异常，造成大脑的功能出现障碍，从而引起失眠。

最后，缺乏运动。现代社会的交通工具发达，各种便利的交通工具贯穿人类生活，人们也因为快速的生活节奏而常常以车代步，用乘电梯取代了上下楼，逃避运动，形成惰性，容易造成睡眠功能紊乱。

四、我们能为失眠做些什么

（一）健走促进足部保暖

脚的温度会影响睡眠，如果晚上双脚是凉的，那么睡眠质量就会受到影响，轻则会有不好的睡眠质量，重则就是一晚上的失眠。白天健走时，双脚会用力，就能改善脚部神经，从而促进大脑神经的灵活，有助于消除压力，更容易帮助人进入睡眠。

（二）健走运动消除压力

定期健走运动不但有助于缓解平时的压力，减少在梦中突然惊醒的情况，减轻失眠的症状，达到身心都健康的效果，还可以延长睡眠的时间，保证每晚的睡眠质量。

因此，医生建议，长期失眠者进行每个星期 3 天以上，每天 30 分钟以上的健走，便会改善人的睡眠质量，减少失眠的情况。

我大学的一个朋友之前交过一个男朋友，当时他们是异地恋，一个在北京，一个在天津。男朋友当时已经工作了，做出口贸易，加班是经常的事情，回到家洗漱完都差不多已经十一点了，朋友有小女生心思，处于恋爱的甜蜜期，总想着跟男朋友打电话聊微信，所以总是等着男朋友下班给她打电话，电话一打常常是两三个小时，睡觉都是深夜一两点的事情了，第二天六七点又起床去上课，整个人倒也精神，庆幸自己还年轻，熬得起夜。

大概有半个月的时间里，两个人几乎都是深夜一两点睡的，睡眠质量倒也挺好，身体也没有出现什么不好的症状，可是这几天朋友突然生病了，人躺在医院里挂点滴，我去看她，她整个人昏昏沉沉的，毫无精神，问她怎么了，她说失眠，我嘲笑说不是天天打电话嘛，还能失眠。朋友微弱地说："刚开始也是觉得电话打得太迟了，所以前几天就不打电话了。我 10 点钟就上床躺着，可是躺了快一两个小时，总是毫无睡意，到了凌晨三四点还在床上辗转反侧，怎么也睡不着，而且最近的抵抗力下降很多，感冒好几天了，都不见好。"

我心疼地看了看朋友，让她今晚跟我去操场健走，她也没有什么办法也就答应了。每天晚上 8 点，我都陪朋友在操场健走，每次 30 ~ 40 分钟，大概一个星期之后，我问朋友最近的睡眠质量怎么样，她说好多了，现在 11 点之前都能够睡着，想不到健走还能治失眠。我笑了笑说，你可以跟你男朋友说说，让他也试试。

第三章

健走，要选择适合自己的行走方式

虽然健走是一项很简单，并且人人都能够学会使用的运动，它能够增进身体所有部位的健康，能够使人拥有一个良好的体质，促进人们拥有良好的生活品质，但是每一项运动的标准都要根据人的不同年龄、职业、生活习惯来确定。

年龄不同，行走方式有差异

每个年龄段的人都有自身特殊的质地，他们的体质不一样，对健康的需求也不一样，需要达到健康的标准也不一样，因此对健走的需求更不一样，所以健走的行走方式也有很大的差异。每个年龄段的人对健走的节奏、力度以及体验环境的需求都不一样。根据这些不同的特质，对不同年龄层的人来制订不同的健走计划是十分必要的。

一、青年的健走

青年一般指年龄层次在十五岁至三十岁之间的人，此时人的身体正处于一个发展的阶段。身高和体重都处于一个增长的阶段，身材也并没有完全定型，心智也处于一个正在发展的阶段，此时的他们有着充沛的体力和精力，身体状况也处于一个良好的状态，皮肤状态完好，身体的各个器官也处于良好运作的过程中，身体也正处于一个健康的状态。

处于这个年龄阶层的青年拥有一种快节奏的生活方式，他们大多拥有着朝九晚五的工作，长期坐在办公室，由于不正确的坐姿和长期不动的姿势，所以容易产生驼背、脊椎等问题。而且这个年龄层的青年认为自己的身体状况良好，会长期处于一个亢奋的状态，大量吸烟、酗酒、熬夜，夜生活不到凌晨不会结束，有时候甚至通宵达旦地上网，过着灯红酒绿的生活。夜生活十分热闹，神经系统变得紊乱，睡眠不怎么规律，睡眠质量也渐渐下降，身体偶尔会出现吃不消的反应，还会出现轻微肥胖，但是总体状况都是良好的。

因此，青年人的健走计划和健走方式可以依据他们的生活方式来进行，因为青年人的身体状况比较好，因此可以不用借助手杖而进行徒步健走。徒步健走要求站立时保持昂首挺胸，收小腹，提臀，双眼平视前方，肩膀要放松，双腿并拢，行走时要求上臂弯曲 90 度，双手保持半握拳姿势，健走的过程中，上肢上下摆动，向上时手指与肩膀相平，向下时手指贴到裤子的中线，同时腹部微微扭动，然后保持双臂和双脚左右交替运动，保持腹部微微扭动，坚持健走半个小时即可。

青年的步伐大小约维持在（身高 −100）厘米即可，幅度可以稍微快一些，两只脚相互交替着前进，人体的重心由脚后跟过渡到脚尖，然后再回到脚后跟，来回循环，每一步都用脚趾发力蹬离地面。

青年健走的时间一般是在去上班的途中，离公司距离远的可以选择在公司公交车站前一站下车，健走去公司，然后利用公司楼梯进行健走，下班时也可以选择同样的方式进行锻炼。我们要充分利用公司楼梯和家里的楼梯，用健走的方式充分锻炼，只要坚持每个星期 3 次，每次 40 分钟以上的健走，就能够使长期坐办公室而产生的驼背、腰背痛等毛病得到很好的改善，睡眠不足、失眠等问题也得到很好地解决，同时肥胖问题也会得到不同程度的缓解。

二、中年的健走

中年一般指年龄层是在三十岁至五十岁之间的人，此时他们的身体正处于一个稳定和平衡的阶段。身高和体重都维持在一个固定的状态，身高和体重都已经基本定型，身材也处于一个稳定的姿态，身体的器官已经过了年轻的迹象，皮肤的状态正处于慢慢老化的状态，身体处于一个亚健康的状态。

处于这个年龄阶层的中年的生活节奏并不快，因为家庭和工作都已经处于一个稳定的状态，他们不必处处奔走赚钱，也不会因为谈恋爱而颠倒时差，他们慢慢开始享受慢节奏的生活方式，不注重身体的锻炼，身体开始发福，肚子上的赘肉开始生成，整个人会出现肥胖的征兆，他们的睡眠质量因为年龄的增长和体内胆固醇增加而下降，会出现失眠的状况，身体健康的状况明显下降，在某种程度上来说，中年的身体状况出现了危机，此时更加需要健走的锻炼，才能维持身体健康。

根据中年人的现实状况以及生活方式，我们要做出适合中年人体质的健走计划，找出适合中年人的健走方式，此时中年人的身体状况开始变得不好，体质开始下降，但依旧保持着不错的体力，因此健走时也可以不需要手杖，也使用徒步健走的方式，站立时也保持昂首挺胸，收小腹，提臀，双眼平视前方，肩膀要放松，双腿并拢，行走时利用双手的力量，一种方式向上时，大臂、小臂夹紧握拳，向下时则伸直甩臂，甩开手掌时，拳头要打开，保持双臂和双脚左右交替，腹部扭动；另一种方式大臂、小臂同时伸直，往前摆的时候与肩膀同齐，甩开手掌时，拳头要打开，向后摆的时候要握拳，同样保持双臂和双脚左右交替，腹部扭动。坚持健走 40 分钟以上即可。体质稍差的，有慢性病的可以稍微使用手杖用来保持体力。

中年的步伐大小也维持在（身高 −100）厘米就可以了，幅度稍微慢一些，两只脚相互交替着前进，人体的重心由脚后跟过渡到脚尖，然后再回到脚后跟，来回循环，每一步都用脚趾发力蹬离地面。

中年人健走的时间可以定在每次的餐后，因为食物中含有过高的胆固醇等物质，在饭后的积极消化，能够使胆固醇得到很好的瓦解。上班之前，中午休息，以及晚上下班的时候都是可以充分利用的时间，用健走的方式进行锻炼，同样也要坚持每个星期3次，每次40分钟以上，就可以减掉肚子上面的脂肪，降低慢性病发生的可能性，失眠的情况也能得到很大程度的改善，皮肤状态也可以改良，能够保持面色的红润，容光焕发的面貌，以及拥有一个健康的身体，保持一份良好的生活和工作状态。

三、老年的健走

老年一般指年龄层在五十岁及以上的人，此时他们的身体已经开始慢慢老化，身高会萎缩，体重也会下降，身体各个器官的功能也开始慢慢退化，骨骼的作用已经不再坚硬，身体很多部位开始亮起红灯，越来越多的慢性病慢慢入侵身体，破坏原先的细胞和组织，身体处于一个不健康的状态。

这个年龄阶段的老年人生活已经慢慢步入正轨，他们已经不再为工作而劳累，家庭的中心也逐渐转移到下一代的身上，他们平时的生活一般就是吃饭、睡觉等最基本的生命活动，他们的生活几乎处于一个丝毫不动的状态。此时，他们睡眠的问题比较严重，容易醒得早，而身体上的问题大多以慢性病的姿态表现出来，比如心脏病、高血压等较为严重的慢性病，很难通过医学技术和医药根治，因此老年人的身体状况是很不乐观的。

根据老年人的特殊体质，以及他们的年龄层次，他们进行健走时要特别注意，因为体力比较容易透支，而且心脏的供血功能和胸腔的呼吸功能都有一定程度的退化，因此在健走时最好有手杖的支撑，站立时也根据徒步健走的方式，保持昂首挺胸，收小腹，提臀，双眼平视前方，肩膀要放松，双腿并拢，行走时身体要稍稍往前倾倒，胸部要挺直，头要抬起来往前方看，上臂左右交替，向后推动手杖，借助手杖的反作用力让身体往前走，用后腿蹬地发力，脚尖以及脚趾着地，再前脚掌用力蹬地以把身体推出去，推动身体前行，每次健走坚持 30 分钟即可。

老年人的步幅大小应维持在（身高 /2）厘米就可以了，速度稍微慢一些，因为老年人普遍存在的问题就是缺乏锻炼，身体经过长时间的沉寂，对运动有一定的排斥，如果一开始就进行高强度的锻炼，就会适得其反，所以健走作为老年人保持健康的一项运动，不要急于求成，要循序渐进，一定要按照自己能够承受的速度来，不要逞强疾走，虽然借助了手杖的帮助，可还是会消耗大量体力，造成体力透支的情况。

老年人健走的时间很充足，因为他们已经不再工作，有很多可以自由调配的时间。一般健走的时间可以放在每次的餐后，可以选择去稍微远一点的公园，既能够享受绿色植物的呼吸，又能够起到锻炼的作用，同时也是要坚持每个星期 3 次，每次 40 分钟以上。长久坚持健走，就能够使体内的器官功能慢慢恢复，心脏病、原发性高血压等疾病也能够得到很大程度上的缓解，睡眠质量较差的也能够得到改善。

因为老年人的身体处于一个十分危险的阶段，因此进行健走前必须科学地衡量自己的体能，在开始健走运动的前几天可以先健走几个小时看看，看看自己的体能能够达到什么程度，连续几次之后，先是适应运动的步调，然后慢慢加强健走的强度，这样对健康能够起到很大的帮助。

在健走的过程中也要注意两点：一是要学会休息，不要只顾着埋头走路，每个人的体能都是特殊的，要选择自己觉得舒服的方式走路，这样自己的体能才能够得到有效的利用，健走过程中一般走 50 分钟就要休息 10 分钟，不要高估自己的体力。二是在健走的时候要适当补充自己的营养，多吃多喝，健走时体力大量耗损，为了随时补充体力，要及时补充水和一些食物，每次吃喝的量不要大，但要求次数要多，在流汗多的时候，可以适当在水里加一点盐，充分补充自己的能量。

小区里有一户人家，爷爷、爸爸和小儿子，每天晚饭吃完都出门去小区的公园健走。邻居都会笑着问爷爷和爸爸，你们追得上小儿子嘛，他这么年轻，全身都是力气，随便走走都比你们快了。爷爷摇摇头，我不跟他们比，我们年龄不一样，每个年龄段的人都有自己特殊的体质，体质状况不一样，对健康的需求也不一样，需要达到健康的标准也不一样，所以对健走的需求更不一样，所以健走的方式也有很大的差异。

小儿子健走的时候一般都是昂首挺胸，收小腹，提臀，双眼平视前方，肩膀放松，双腿并拢，行走时要求上臂弯曲90度，双手保持半握拳姿势，健走的过程中，上肢上下摆动，向上时手指与肩膀相平，向下时手指贴到裤子的中线，同时腹部微微扭动，然后保持双臂和双脚左右交替运动，保持腹部微微扭动，坚持健走半个小时即可。

爸爸健走的时候一般是昂首挺胸，收小腹，提臀，双眼平视前方，肩膀放松，双腿并拢，行走时利用双手的力量，一种方式是向上时，大臂、小臂夹紧握拳，向下时则伸直甩臂，甩开手掌时，拳头要打开，保持双臂和双脚左右交替，腹部扭动；另一种方式是大臂、小臂同时伸直，往前摆的时候与肩膀同齐，甩开手掌时，拳头要打开，向后摆的时候要握拳，同样保持双臂和双脚左右交替，腹部扭动，坚持健走40分钟以上即可。

爷爷健走的时候一般也是昂首挺胸，收小腹，提臀，双眼平视前方，肩膀放松，双腿并拢，行走时身体要稍稍往前倾倒，胸部要挺直，头要抬起来往前方看，上臂左右交替，向后推动手杖，借助手杖的反作用力让身体往前走，用后腿蹬地发力，脚尖以及脚趾着地，再前脚掌用力蹬地以把身体推出去，推动身体前行，每次健走坚持30分钟即可。

健走前进行一次体质测试帮助选择

每个人的身体状况是不一样的由于遗传、后天职业等原因，别人颇有成效的健走计划不一定适合你的体质，因此我们在制订自己的健走计划之前，要充分了解自身的体质，然后才能够选择适合自己的健走方式。

在进行健走计划之前，我们必须认真地对自己的健康状态做出一个正确的评估。由于现代人很少进行身体锻炼，虽然认为自己的身体很健康，但在运动之前，必须完整地进行一次身体检查，然后根据自己的情况咨询一下医生。

我们对身体的情况并不完全了解，所以在开始制订健走计划之前，要充分了解自己的身体情况，或者遵循医生的嘱咐。而且，身体症状并不会立竿见影地表现出来，而是会慢慢地随着时间显现出来，比如身体患有高血压、冠心病等危及生命的慢性疾病在对身体造成严重的损害之前，是不会有明显的症状的。

如果身体存在体重超标、大量吸烟或者存在一些其他重大的健康问题，那么在开始计划健走锻炼之前，必须先征求医生的意见。一般运动之前的身体检查项目应该包括心肺的检查，脉搏的测量，以及血压和血液中的胆固醇水平，同时还要进行心电图检查，对心脏的电信号进行正轨的测量，在考虑到运动和心脏承受情况下，要进行一个运动负荷的测试，也就是测试你在跑步机上运动时心电图的情况，因为本身有心脏病或家族病等遗传病的人在运动时很可能会有心血管方面的风险。

如果身体存在严重的健康问题，例如心脏、肺脏、肾脏或肝脏功能性障碍，或者关节炎、贫血症、下背痛、足疾、糖尿病等器官疾病，必须定期去做一些医疗检查，同时，在开始健走之前，仍有必要向医生咨询一些注意事项，甚至需要问清楚该采取什么特殊的保护措施，以预防突然性病变。

如果患有哮喘症，则必须向医生咨询如何在健走的过程中避免引发哮喘，尤其是在四季多变的情况下，如何在冬天这样寒冷干燥的气候下进行健走而保证不会引发哮喘是十分有必要的事情。

如果家族中患有心脏病家族史，或者存在一些与冠心病有关的病史，或者心绞痛的病史，首先要做一个负荷测试，然后根据这些病史制订适合自己病状的健走计划，也需要了解突然产生病变时能够预防的事项。

如果过于肥胖或者患有高血压、血糖浓度高以及糖尿病等慢性病，在实行健走计划中，需要增加无承重的锻炼项目，比如去游泳或者在泳池中进行健走。如果因为糖尿病而对胰岛素产生依赖，那么在针对何时补充胰岛素是一个关键，需要听从医生的叮嘱，同时最好听从医生或者运动生理学家的意见，在开始运动计划的时候，提供一个一对一的健走健康辅导。

如果本身是体质肥胖，又属于不爱动的人群，同时还有吸烟、酗酒等不良习惯的，胆固醇水平很高，最开始还是需要做一个负荷测试，然后慢慢戒除一些不良的生活习惯，慢慢适应运动的节奏。

如上一节说到的年龄问题，年龄层的不同的锻炼计划也会不同。当身体因为年龄的增长而产生了很多健康问题，我们大多会把原因归结为衰老，但其实真正的原因是因为缺乏运动。比如随着年龄的增长，骨骼会变得疏松并且越来越容易受伤，无论平时的饮食多么健康或者多么刻意地保持运动，骨质疏松是难免会发生的，因此在开始健走计划之前，必须先咨询医生，并且进行一些常规体检。

平时所说的体质测试，心率是其中最为重要的一项。我们要根据个体身体的差异，根据自身的情况确定以什么样水平的健走能够达到什么样强度。我们要怎么样判断自己的身体状况，最重要的是关注心脏。运动生理学家通过不断调查不少人在运动过程中的安全心率范围，我们在健走的过程中把心率保持在这个范围之内，基本上是可以保证运动安全。长期没有运动的人，开始不要操之过急，先做一个运动测试，测试出自己的心率，公式是，最大心率 =220－ 年龄，假设一个人 30 岁，那么他最大的心率就是每分钟 190 次左右。因为心率的不同，导致每个人的体质不同，能够承受的压力也不同，因此在进行健走之前，要完整地了解自己的心率情况和一些特殊的注意事项。

一定要了解自己的生活习惯

每个人因为家庭、职业等因素的不同，所以有着不同的生活习惯。因为生活习惯的不同，所以每个人应该根据自己的生活习惯制订健走计划和健走方式，从而与自己的身体达到完美契合，发挥身体的最大作用，也能达到最好的效果。

一、作息时间的不同

由于社会职业的性质，工作的人每天的生活作息不同，公司职员每天都是朝九晚五地上班，生活还算稳定，而另外一些从事服务行业的人，作息时间不定，有时候会熬到凌晨，早晨又困得无法起床，因此每个人的健走计划要灵活地应对自己的作息时间。

早餐六点起床是十分健康的作息时间，可以在进行一些简单的早餐之后，趁着还没有上班的空隙进行健走，大约健走半个小时。

早餐九点起床已经算是比较晚的了，但依旧可以进行健走，因为此时阳光正好，在室外健走能够同时吸收维生素 D，促进骨骼的良好发育，从而保持良好的体格。

中午起床，对于生物钟来说是不健康的，但是不少人因为职业的关系而不得不在中午起床，长久坚持中午起床，身体的疾病会比较多，因此需要更加抓紧锻炼，积极进行健走，利用上班、下班和休息的空隙进行运动。

二、睡觉时间的不同

也是因为职业的不同，每个人睡觉的时间不同，有些人规律地在晚上十点睡觉，而有些人因为工作或者晚上玩得比较晚会到深夜一两点才上床休息，长久如此，身体就会亮起红灯，因此保持健康的身体更加有必要。

十点之前睡觉的，只要保持良好的生活习惯和运动习惯，长久坚持就没有大的问题。

在十点至十二点睡觉的，此时处于一个亚健康的状态，有必要坚持运动，好好保持身体的健康。长久熬夜会导致身体体力和能力负荷，此时最有必要进行健走锻炼，只要通过运动才能够平衡身体所受到的损伤。

三、饮食习惯的不同

全国有 56 个民族，每个民族都有自己的饮食习惯，而且东西南北的饮食习惯相差很大，有些人喜欢吃辣，有些人喜欢吃甜，有些人不能吃胆固醇过高的食物，有些人不能吃高血糖的食物，而根据这些饮食习惯的不同，健身计划和健身方式也会有很大的不同。

比如，高血糖的人在健走的时候需要随时携带一些食品，以防止在体力透支的时候能够快速补充营养。

因此，我们要十分关注我们的饮食习惯，只有把运动习惯和平时的饮食习惯很好地结合在一起，运动的作用才能更好地发挥出来，我们才能通过健走而达到健身的目的，保护我们的身体健康，维持我们的生命活动。

通过健走达到身体健康是一个长时间的系统性的工程，并不只是包括每天坚持健走的运动习惯，还应该包括平常的日常起居、饮食习惯、工作方式和精神心情，甚至是气候环境等因素的配合。因此，如果想要达到理想中健走的事半功倍的成效，那么我们就需要变化整个生活方式来配合和协调精心设计的健走运动。

第四章

健走形式多样，不是一件无趣的事儿

健走不像跑步减肥是一种高强度运动，它是轻缓放松的，而且使用的力度不大。健走被社会誉为21世纪最好的锻炼方法之一，不但因为它不受时间和空间的限制，而且行走速度也可以根据自己的体质来进行调节，从而达到理想中的健身效果。其实健走不光是姿势问题，『方式』也非常重要。

直行向前走，增强身体免疫力

健走是一种负责任的健康运动，责任就是对自己的身体负责任，对身体的免疫力负责任，这些责任的背后是对自己的身体负责任的态度。现代人常常用“没有时间”的借口来逃避运动，逃避健走，这就是对自己身体的不负责任。时间就像海绵里的水，是要去挤的。而挤时间，并不一定是挤出一大块集中的时间去进行健走锻炼，更加重要的是要充分利用每天生活中各种各样细碎的时间来进行健走，比如下班族下班后在家，如果不想出门，就可以在家里的客厅边看电视边健走，既能够放松神经又可以得到锻炼；也可以在厨房做菜的时候，腿部做一些简单的健走动作，这样既轻松又低碳，也解决了没有大块时间用于健身的困扰。

所以，健走不受时间和地点的限制，省去每天都去健身馆的麻烦，也能够省下一笔钱做更有意义的事情。坚持健走，关键在于态度，负责任的态度，有意识地去创造条件让自己过自己想要的生活。

直行向前走是健走运动方式中最为普通的一种，它属于一种低投入的有氧运动，能够促使心脏的功能强大，输送更多的血液去体内的各个组织，还能够促进体内各种防护细胞和免疫细胞的积极运作，除此之外，直行向前走还能够舒缓身心健走和内心的重大压力，从而为晚上的睡眠奠定良好的基础，良好的睡眠对复原体内的免疫系统十分有益，因为夜晚体内免疫系统的作用强于白天，能够促进免疫系统的良好运作，促进抵抗力充分发挥；同时，每天健走1个小时，就能够提高抗感冒能力近1倍，使精力充沛，提高工作效率，增强身体的免疫力。

直行向前走能够增强手部和脚部肌肉的力量，能够强健身体和腿部、脚部的神经，并活络全身筋骨，能使脚部和手部的关节灵活，促进人体血液的循环和新陈代谢；也能够增强消化腺的分泌功能，促进肠胃有规律的蠕动，增加每天的食欲，能够有效地防治高血压、糖尿病、肥胖症、习惯性便秘等慢性疾病症；坚持每周直行向前走三次，每次一小时，连续健走3个月，能够有效消除全身疲劳，提高学习和工作的效率，大脑的思维能够变得清晰灵活。同时，直行向前走能减少人体内的脂肪的堆积，减少肥胖的困扰，按摩血管，促进血液的良好畅通，降低患慢性疾病的可能性。

向前直行走之前最好先放松地走路十分钟左右，做一个身体的基本热身，热身的方式就是双臂来回摆动，活动活动肩膀和脚踝，然后试着深呼吸几次，会稍微出一点汗，再进行向前直行走，能够得到不错的施展效果。向前直行走30分钟之后，可以有适当的放松运动，脚步慢慢放慢，放慢走10分钟左右，然后做一些伸展运动，舒展背部、腰部和腿部的运动，大约10分钟就可以了。这样一个过程就是向前直行走较为完整的一个过程，收到的效果也很不错。

S形走，提高身体的平衡能力

在厨房进行简单的健走的方式出现，一方面可以看出人们的智慧是无穷无尽的，我们能够创造出不一样的健走方式，另一方面我们也可以创造出更多的健走方式，用千变万化的步伐去锻炼身体。

一直以来，很多女性都在追求“S”形的身材，因为“S”形的身材除了给人一种美观的感觉，而且也是健康的标志。“S”作为拉丁字母、英文字母中的第19个字母，它被广泛运用于各个领域，每次的代表含义均不相同。S在物理学中表示计时单位“秒”，在化学中表示物质“硫”，在计算机语言中表示一种编程，在生活中“S形身材”说的就是前凸后翘型，腰部要细，一般都是指女性的S形身材。

从一定意义上来说，“S”代表着一种平衡，一种良好的平衡状态，因此如果按照“S”的形状健走，也能够提高身体的平衡能力。

曾经有一个实验，对两个40岁的男性进行观察研究，其中一个男性保持平常上班族的习惯不变，另一个则坚持每天“S形走”，每个星期4次，每次健走40分钟，大约观察了3个月，那位坚持“S形走”的男性首先体重减少了3千克，腹部的脂肪厚度也减少了20毫米左右，体内的器官的灵活性提高了，心脏的机能得到了很大程度的改善。

“S 形走”作为一种全身性的运动，可以将全身上下大部分的肌肉和骨骼都动起来，从而增强人体内部的新陈代谢活动，增强小脑的平衡杆，同时可以使大脑皮层有兴奋的感觉，从而能消除疲劳、清醒头脑，调节精神。“S 形走”更能收缩腹部的肌肉，加强肌肉上下运动，而且使肠胃的运动更加灵活，加强了消化系统的作用，促进血液循环，使全身肌肉达到平衡发展的状态，而内部的血液和器官都达到平衡，提高人体本身的平衡能力。

体弱的人进行“S 形走”，因为路走起来是弯曲的，当步子迈开，胳膊用力地甩开，全身的肌肉都得到活动，全身上下的器官都能够得到很好的调节，也能很好地促进新陈代谢，大约坚持半个小时以上，最好在清晨或者餐后进行，坚持三个月之后就能看到身体的状况得到明显的改善。

长期失眠的人进行“S 形”健走，使全身的血液都活动起来，人体内的血管都得到了较好的畅通，只要长期坚持每次走半个小时，每分钟走 30 个“S”形，睡眠情况就能得到很好的改善，睡眠质量也会好起来。

患有冠心病等慢性病的人进行“S 形”健走最恰当不过，因为他们不宜走得过快，会比较容易诱发心绞痛，因此走“S 形”能够使步伐得到很大的缓冲，又不影响健走的质量和数量，因此每次只要坚持半个小时以上，就能够有效地改善心肌的新陈代谢，使慢性病的症状慢慢减轻，得到很好的控制。

倒着走，腰椎、颈椎患者的良方

倒走，又称“后退走”或“后退行”，是一种反常规的运动，与原先人们运动顺序相反，它消耗了比散步和慢跑更多的能量，对腰臀和腿部肌肉有明显的锻炼效果。因为倒走运用了与之前完全相反的行走方式，所以具备了其他运动方式所不具备的特殊功能，是一种很好的运动锻炼方式，是一种有益的健身方法。

“倒着走”以连续向后退步走为最主要的动作，它的基本要领是：倒着走时，膝盖不要成弯曲的形状，步子要均匀，步调要缓慢，双手握成拳状，上臂、下臂轻轻地向前后摆动，头要抬起，胸挺直，呼吸要有规律，走几步就要深呼吸一次，每次最好坚持走 400 步，如此坚持一段时间就能够收到意想不到的成效。

“倒着走”有很多广为人知的好处，最令人们熟悉的应该是它对慢性腰痛和椎间盘突出症有一定的康复作用，据医学数据反映，很多有慢性腰痛和腰椎间盘突出的人因这种健走的方法而摆脱了痛苦，而且常做“倒着走”，能够让人体腰部的肌肉保持有节奏的松弛和松紧，因而能够较好地改善背部和腰部的血液循环，从而防止腰痛。下面，我们仔细地来分析一下“倒着走”的益处。

一、倒着走能够减肥

现代人崇尚着健康减肥的方法，希望拥有一种不节食，而且方便的减肥方法，运动常常是许多减肥人士的首选。首先，“倒着走”是健走的一种方式，肯定是一种锻炼，自然就有了运动减肥的良好效果；其次，“倒着走”要求人们必须昂首、挺胸、收腹、提臀，可以有效地消耗腰部和臀部的脂肪，再者，“倒着走”调节了平时顺着走用不到的肌肉，活动了全身的经脉，使全身的血液循环都得到了很好的改善。

二、倒着走能够增强腿部力量

我们习惯性向前走，每次的行走都是向前运动，双腿以及身体的各个部位都能够很好地适应了健走的步调，而“倒着走”是一种全新的行走方式，双腿必须用力挺直，刺激了不常活动的腿部肌肉，因而增强了膝关节和踝关节的承受力，锻炼了腿部力量，增强了腿部的韧带，促进血液循环，减轻或者完全消除了腰部和背部的酸痛，可促进血液的循环，平衡人体的机能，缓解骨质增生和腰肌损伤的病症。

此外，“倒着走”还可以平衡小脑，增强人躯体的灵活性和协调功能。

三、倒着走可以提臀

倒着走这项健走运动和平时体育活动中的提臀运动中的后踢腿运动十分相似，每半个小时的倒走就相当于半小时的后踢腿。后踢腿的效果是很好的，可以提臀，增强臀部的弹性。

四、倒着走可以矫正和预防驼背

一般情况下，人正常而健康的脊柱是挺拔的，笔直的，但现代社会的很多人都不可避免地有轻微的驼背，这其中的原因跟现代人的生活方式有关，也跟人本身的发展有关，因为现实中，人们在日常进行运动时，无论是走路还是跑步，方向都是单一而向前的，人的重心都往前移动，从而导致人的脊椎也有一个前倾的状态，长久如此必然会造成脊椎的弯曲，长此以往就会形成驼背的现象，而且随着年龄的增长，驼背的现象会越来越严重，而且不容易被矫正。

人习惯向前走，向前走是整体的器官和骨骼都是向前微微屈起的，而在平时的工作和学习中，人都处于一个低头弯腰的状态，即使刻意注意挺直腰背，也无法避免地造成驼背的现象。而“倒着走”，和平时所经历的生活方式截然不同，人体的骨骼是向后微微屈起的，经常倒着走，就能够缓解平时向前走造成的含胸驼背的现象。

“倒着走”能够矫正和预防驼背的原理，就在于它与正常的活动是相反的，也就是全身的重心向后移动，使人体内的原本因为向前倾而导致的脊柱弯曲现象得到有力的缓解，自然就能够对驼背有矫正作用。尤其对于正在长身体的青少年来说，他们的骨骼正处于一个正在发展的阶段，能够很好地得到矫正，“倒着走”能够增加青少年膝关节和腰部的承受力，锻炼腰部和脊椎的肌肉和韧带，对于维持良好的身姿是一种十分有效的锻炼方式。青少年正值生长发育时期，采用“倒着走”的健走方式有益于躯干的发育，减少“鸡胸”、驼背的发生率。

五、倒着走能够治疗腰痛

“倒着走”对治疗腰痛的效果是得到完全公认的，不少医学上的事例证明了“倒着走”是一种健康的方式，不少医院和诊所都会向有腰痛病的病人推荐这种治疗方法，因为这是一种很有效的治疗腰痛的方法。

同前文提到的矫正和预防驼背的原理是一样的，现代社会多数人的腰痛都是因为长期的不良姿势而造成的，人习惯向前走，向前走是整体的器官和骨骼都向前微微屈起的，而在平时的工作和学习中，人都处于一个低头弯腰的状态，即使刻意注意挺直腰背，也总是会患有腰痛等病状，而且长时间得不到改善。而“倒着走”，和平时一般所经历的生活方式截然不同，人体的骨骼是向后微微屈起的，经常倒着走，就能够缓解平时不良姿势造成的腰痛的现象。

驼背和腰痛几乎是同时出现的，矫正了驼背的同时对腰部的疼痛也得到了很大程度的缓解。人体内的腰椎，有着向前运动的习惯，从而形成了一个定势，定势会导致腰部的疼痛，如果进行“倒着走”，就和平时的运动习惯相反，腰部肌肉反而能够得到很好的放松。

“倒着走”能够使腰部的肌肉得到与平时相反的又规律性的收缩与放松，从而改善背部和腰部的血液循环，对于由平常不良姿势造成的腰肌劳损具有很好的矫正作用。尤其对于正在长身体的青少年来说，他们的骨骼正处于一个发展的阶段，“倒着走”能够促进新陈代谢，改善血管的弹性，预防功能性腰痛。

因为，“倒着走”需要腰部力量挺直或略微向后仰，这时候的脊椎和腰部、背部的肌肉会承受着比平时向前走更大的重力，使平时向前行走得不到充分活动的脊椎和背部肌肉都得到了很好的锻炼，有利于疏通调顺气血。平时工作在办公楼，需要没日没夜都伏案工作或者长时间学习的人，采用“倒着走”的方法，既能够有效地节约时间，和平时走路所花费的时间是一样的，还能够消除工作和学习产生的疲劳以及腰酸背痛的痛苦；而老年人进行“倒着走”，能够有效地使腰部肌肉放松，长期坚持“倒着走”，对腰部疼痛有明显的治疗作用，能够减轻甚至防治腰椎、肩周、颈椎等疼痛。

六、倒着走的其他作用

“倒着走”使肩膀部分更坚挺，正在长身体的青少年能够防止佝偻，而中年人能够防止过早地产生驼背现象。

“倒着走”能够调节身体的平衡，也许刚开始的时候，因为无法看到后面的事物所以走得很慢很累，但随着一次又一次的锻炼，身体的平衡能力就会增强。只要每天坚持走，身体不好的状况都能够得到改善，身体状况也会越来越好。同时能够提高身体的协调功能，因为倒着走的视线比较狭窄，需要时时刻刻判断倒着走的方向，时刻掌握平衡，这样就能够锻炼小脑的平衡功能，增强与提高了身体的灵活性及协调功能。

“倒着走”也是一种休息，在运动之后进行“倒着走”，能够防止腿部坚硬的肌肉变成一块一块的，对于女性来说，能够使小腿修长，呈现良好的形态。

“倒着走”更能够增强记忆力，防止老年痴呆症的到来。因为倒着走需要集中全部的注意力，比平时的正常向前走更加需要注意路面状况，因此对于老年人来说是一项健康而又能够防止阿尔茨海默病的运动。

倒着走与平时直行向前走所使用的肌肉群组是不一样的，在延续直行向前走的益处的基础上，还能够充分弥补直行向前走的不足，让平时不经常活动的肌肉也得到一定的锻炼。现代的生理健康医学研究证明，倒着走能够锻炼全身的肌肉和关节的韧带等，长期坚持每天半小时的倒着走可以促进血液循环的畅通，对腰酸背痛、关节炎等肌肉的问题有很好的治疗效果。

不过，倒走有一定的难度和风险，如果不采取正确的方法和技巧，就会有适得其反的效果，因此在进行“倒着走”，一定要掌握必要的专业知识，比如正确的倒走方法和技巧，以及倒走时适合穿的鞋子。

第一，倒着走的基本要求是全身放松，身体处于直立的状态，胸部和腰部都要挺直，膝关节也处于一个不弯曲的状态，然后双手双臂前后自由摆动，走起来有一种全身轻松的快感，能够感受到骨骼正在运动。

“倒着走”的时候，双腿一定要用力挺直，膝盖不能呈弯曲的状态，只有这样才能够增加膝关节和股肌承受重力的强度，才能够使膝关节周围的肌肉、韧带、股肌都得到充分的锻炼。

“倒着走”的时候，脚尖是要虚着地，主要是依靠踝关节和足跟骨用力，这样又能够使这些部位的机能得到充分的锻炼。

“倒着走”的时候，要特别留意运动的方向，因为与平时的运动方向相反，所以在一开始有一点不适应，但长期锻炼之后，对空间和知觉的感知能力将会增强，同时也会提高保持平衡的能力，以防摔倒，所以主管平衡作用的小脑能够得到积极的锻炼，从而提高了人的反应能力。由于倒着走属于非自然的活动方式，可以充分加强青少年的小脑对方向的判断和对人体的协调功能。

第二，“倒着走”的环境也十分重要。

倒着走在室内和室外都可以进行，但是在人多车多的地方会有交通事故的危险，因此最好在公园等人稀少的地方进行，而且最好选取平坦的地面，不要在低洼不平的地面上，很容易摔倒，尤其是一些老年人，摔倒对他们身体的损害性很大，最恰当的地方是在比较平整的环形跑道上，比如小区或者学校的跑道，这样即可以不用过于担心撞到人或者摔倒，只要安心地倒着走就可以了。与此同时，一定要保证身后的路线在你的视线范围内，或者说你能够把握的视线之内，建议每倒走 50 米就往后看一次，路线过长会产生疲惫感，过短则达不到健走的效果。倒着走的时候一定要挺直胸部，向后抬大腿，而且所有的运动都需要长久坚持，每个星期大约 4 次，每次走 40 分钟以上。

第三，“倒着走”的适应人群也很广泛。

倒着走的时候，一般动作频率是比较慢的，因为视线的原因，也因为与平时习惯不一样的原因。倒着走的体力消耗是不大的，比直行向前走要消耗的小，所以这项简单的活动很适合那些体质虚弱的，或者有冠心病、高血压等慢性病的不适合做剧烈运动的人，因为倒着走不耗费大量的体力，低投入高产出，能够较好地保持身体的健康。

爬着走，长寿的运动方

爬行，一般是人在幼儿期的主要动作行为，一般是 2 岁以下的儿童的行走方式。字典上解释，爬行是指手和脚一齐着地走路，类似于虫类的行走。为什么爬着走也能够保持身体的健康呢？接下来，让我们深入了解爬着走这项健走方式。

在小孩子还尚未有知觉的时候，爬行是他们首先接触行走的一种方式。多数家长也会特意在家里为孩子创造一个良好的爬行安全小天地，鼓励儿童进行爬行活动。一般儿童开始爬行时，腹部是不离开地面的，属于匍匐前进的姿势，然后慢慢地用手和脚来辅助爬行，一开始会毫无方向感，也不能爬多远，有时候可能会倒退，慢慢地，整个身体开始察觉到爬行的姿势，手会和腹部一起用力爬行，再接着膝盖也会慢慢起作用了，共同作用促进爬行这项运动。

从心理学的角度来说，爬行是很自由的一种运动，它能够使身体随意变动位置，从而促进全身的运动知觉和方位知觉的发展，让脑部形成运动思维和方向思维。当爬行慢慢蔓延到外面更大的世界，就能够去探索新鲜的事物，去接近感兴趣的东西。如果儿童在适合的年纪缺少充分的爬行，思维会显得狭窄，反应迟钝，动作笨拙，甚至影响智力的发展。

由儿童的爬行原理引申到现代健走运动其中的一个方式——爬着走，也能够推理出“爬着走”有各种各样的优点，比如培养全身的运动知觉和方位知觉，培养良好的方向感，培养头脑良好的思维能力，能够主动去探索世界，寻找到自己感兴趣的东西。

爬行是运动发展过程中一个重要的阶段，是一种非常好的全身运动。爬着走能够使全身上下各个部位的肌肉都直接参加活动，参与锻炼，从而使全身的肌肉和骨骼都得到很好的锻炼，能够促进骨骼的完整发展。

爬着走的过程中，也需要保持昂首挺胸，然后上肢和下肢平衡移动支撑着身体，只有动作保持协调才能够完全保持爬行的平衡，而且爬着走的姿势可以经常变化，因而能够促进小脑的平衡功能的发展，促进手和脚，头脑和眼睛一起协调运动，共同促进大脑的发展。

爬着走很适合身体的结构，全身的骨骼和肌肉都向四面八方伸展，使全身的每一块肌肉和骨头都会得到最大程度的伸展，有效地促进全身的血液得到畅通的循环，增强身体的健康水平，增长人的寿命，因为爬着走属于健走的一种方式，对人体健康起了很好的运动作用，同时又充分活动到了全身的血液和神经，能够较好地维持了全身的活力和精力，身体得到了充分的锻炼，因此能够使人的寿命得到一定程度的延长。

拍打走，固本扶正

目前无论是清晨还是傍晚，在公园里我们都不难看到一些老年人正在进行着一些拍打的动作，他们用自己的手掌拍打身体的各个部位，往往都能听到一种清脆的“啪啪”声。其实很多人都不知道，这种拍打运动能够增强身体的免疫力，而拍打这种方式是健走运动里一种比较健康，安全的运动形式，因为足够方便，拍打运动在任何时候，任何地点都可以进行，无论是室外还是室内，都丝毫不影响拍打的进行。

根据医生的解释，拍打运动其实是属于按摩法的一种，它通过手掌与全身各部位的肌肉相互接触，产生一种力量的对冲，能够活络胫骨、强筋壮骨、活动关节，还能够使肌肉发达，有良好的弹性，同时还能促进血液循环，增强人体内新陈代谢的能力，提高人体抵抗疾病的能力，从而真正地起到强身健体，固本扶正，并且延缓衰老的巨大作用。

因此，我们不难看出，拍打走是一种简单而且容易实行的健走方式。在健走时，我们可以选择拍打任何部位，而拍打任何部位都有它的益处，下面就让我们来了解一下拍打各个部位的好处，并选择一种适合自己的方式来进行锻炼，使自己拥有一个良好的体魄。

一、拍打走之拍打头颈部

拍打走时，站立的姿势和脚部的姿势都与前文所提到的徒步健走一样，没有多大的变化，拍打走最主要的区别体现在手上。徒步健走在平坦的路上，眼睛要平视前方，与双眼持平，全身的肌肉要处于一个放松的状态，肩膀自然地下垂，举起双臂高过肩膀，左手拍打左侧的头颅部，右手拍打右侧的头颅部，开始先从后颈部位开始，然后逐渐向上拍打，一直拍打到前颈部，脚步保持健走的幅度和效率，按照这样左右上下地顺序，来回 6 ~ 8 次，同时伴随着自然的收腹深呼吸。

人脑的分工很明确，一般悲哀和忧郁的坏情绪都产生于左半脑的部分，而愉快和快乐的好情绪都产生在右半脑部分。拍打走的过程中，人脑的右半部分会产生兴奋的感觉，从而使右半脑处于一个主导地位，随即能够控制装满坏情绪的左半脑，从而消除坏兴趣，充满良好的情绪。拍打头颈部的健走运动能够治疗由于脑部供血不足而引起头疼、头胀等头部病症，对于中老年人来说，还有健脑和增强记忆的功效。

二、拍打走之拍打肩部

拍打走的基本动作要领都是一样的，主要的区别就在于拍打部位的不同，因此徒步健走在平坦的路上，眼睛要平视前方，与双眼持平，全身的肌肉要处于一个放松的状态，肩膀自然地下垂，然后举起双手，依次用左手掌拍打右肩膀，用右手拍打左肩膀，如此来回交替，每只手拍打 100 次左右。

拍打肩膀的作用也很多，由于拍打能够产生不定量的震动波纹，传到肩部肌肉的深处，就能够促进肩膀周围的血液循环，消除肩膀肌肉因为长期的不正确坐姿而产生的紧张和酸痛，使整个手臂的关节，特别是肩膀处、手肘处、手腕处还有膝盖处都能够得到恰当的放松，增加体内血管的柔韧性和灵活性，有利于治疗和预防肩膀酸痛、肩周炎以及肩部肌肉劳损、颈椎病和关节炎。

三、拍打走之拍打胸背部

站立时，眼睛要平视前方，与双眼持平，全身的肌肉要处于一个放松的状态，肩膀自然地下垂，双手成半握拳姿势，然后举起双手，依次用左手掌拍打右胸，用右手拍打左胸，先从上到下，再从下到上，如此这般来回交替，每只手各拍打 200 次左右。拍打完胸部之后再紧接着拍打背部，双手依旧成半握拳姿势，举起双手，依旧用左手掌绕到后面去拍打右背，右手掌绕到后面去拍打左背，如此这般来回交替，每只手拍打 100 次左右即可。

胸背部有着丰富的胸壁神经和脊神经，主导并支配着人体的各项生理运动和健康运动，还有心肺的功能。在健走的时候，同时拍打胸背部能够刺激胸背部下面的皮肤和皮下组织，使皮肤下面的血液循环加快，然后通过神经传导功能，增强体内分泌的功能，可谓有很大的益处。因为胸背部含有十分重要的器官和组织，因此拍打胸背部可以治疗并预防肌肉发育不良等肌肉问题，肺心病、肺气肿等肺部问题，以及冠心病、高血压性心脏病、风湿性心脏病等心脏慢性病问题。

四、拍打走之拍打腰腹部

站立时，眼睛要平视前方，与双眼持平，全身的肌肉要处于一个放松的状态，肩膀自然的下垂，双手呈现半握拳的姿势或者呈手掌伸平的状态，腰部保持左右转动，随着腰部动作的左右转动，双手依次甩动，当腰部向右摆动的时候，用左上肢带动左手掌向右腰处和右腹部拍打，当腰向左摆动的时候，用右上肢带动右手掌向左腰处和左腹部拍打，如此左右反复拍打，每只手拍打 200 次左右。

腰腹部又是最容易堆积脂肪的地方，容易产生赘肉和啤酒肚，因此拍打腰腹部，能够刺激腰部和腹部的皮肤和皮下组织，促进腰腹部的血液循环加快，加快胆固醇的分解，促使腰部的赘肉逐渐消失，塑造一个完美的身体，同时也能缓解长久不良坐姿引起的腰腹痛，使身体保持一个健康的状态。

五、拍打走之拍打上下肢

站立时，眼睛要平视前方，与双眼持平，全身的肌肉要处于一个放松的状态，肩膀自然地下垂，先拍打双上肢，用左手拍打右上肢，用右手拍打左上肢，先从上到下，再从下到上，然后从内到外，最后从外回内，上肢的任何部位都要拍到，不能遗漏，一般每只手拍打 200 次左右即可；然后再拍打双下肢，腰部弯下，用左手拍打右腿，用右手拍打左腿，先从上到下，再从下到上，然后从内到外，最后从外回内，从大腿到小腿，再从小腿到大腿，一般也是每只手拍打 200 次左右。

上下肢含有重要的运动神经和肌肉，因此拍打上下肢能够增强体内的新陈代谢功能，能够预防或缓解上下肢肌肉发育不良、上下肢麻木及半身不遂等问题，而且能够防治老年型的上下肢麻木，对于治疗瘫痪的肢体有很大的作用。

从上面的内容可以看出，拍打走的确是可以增加身体的免疫力，对人体的新陈代谢都有很大作用，但是也要注意拍打的事项，拍打时全身上下都要自然的放松，以保证呼吸是通畅有序的，而且拍打身体要做到先轻后重，先慢后快，掌握好一定的节奏，要循序渐进，不可急于求成，也不能随意胡乱地拍，不能这里一下那里一下，像是随意摆动，这样根本就没有任何的意义可言。

摩腹走，减肥效果最显著

大多数人对摩腹这项方式并不大熟悉，下面我们就从几个方面来稍了解一下摩腹。

首先，摩腹是什么？

摩腹主要是指对腹部进行有规律的特定按摩的自我按摩方法。

古书上记载，隋代时期，京墨先生在《神仙食气金柜妙录》的“治万病诀”中已经提到了“摩腹”的内容；唐代时期，司马承祯在《服气精义论》中，记载了“摩腹绕脐”法；到了清代，吴尚先先生在《理瀹骈文》中，对摩腹疗法做了更为详细的论述。

根据古书记载，摩腹的大致方法时，在坐着、躺着或者站立行走时，全身放松，呼吸要自然，双手自然垂下，伸开手掌放在肚子上，男性要用左手掌贴住肚子，右手放到左手上面；而女性则相反，右手贴住肚子，左手放到右手上面，这大概就遵循了“男左女右”的说法，然后以肚脐眼为重心，两只手绕着肚脐眼儿，男性先由小到大地按照顺时针方向做螺旋式按摩，最小的一圈，双手紧紧贴住肚脐眼，最大的一圈，上下可以达到肋骨和盆骨处，大约按摩 36 圈之后，再按逆时针方向由大到小按摩 36 圈，慢慢回到最开始的状态。女性则相反，先由大到小地按照逆时针方向做螺旋式按摩，最小的一圈，双手紧紧贴住肚脐眼，最大的一圈，上下可以达到肋骨和盆骨处，大约按摩 36 圈之后，再按顺时针方向由小到大按摩 36 圈，慢慢回到最开始的状态。整个过程大约需要 8 分钟。

摩腹之所以能够有不错的成效，是因为腹部是气血生化的地方，摩腹既可以健脾助运直接防治脾胃的各种疾病，又可培养元气使体内的气血生化机能旺盛，从而起到防治全身疾病的作用。

其次，摩腹有什么好处？

中老年人都把摩腹作为一种自我保健的方法，一般可以选择在临睡前或者起床前进行，但更多的人会选择在健走的时候进行，因为健走时腿部力量正在发挥，同时结合摩腹发挥腹部的力量，往往能够有事半功倍的效果。

再者因为摩腹可以随时随地的进行，不受时间、地点的任何限制，隔着衣服也能够做到。先放松全身的肌肉，然后大致按照先用右掌心贴附在肚脐的部位，左手叠于右手背上，按顺时针方向按摩，由肚脐部逐渐扩大到全腹，然后逐渐缩小按摩范围，回到肚脐部。现代社会并没有十分关注“男左女右”的风俗，因此左右手不必太在意，只要遵循正确的方法即可。由此可以看出，摩腹是一种简便而且很适用于中老年人的健身方法。

其实，摩腹是一项十分具有中华民族特色的中医养生学内容之一，它除了简便的特点之外，还能够增强身体的体质，预防各种常见疾病，还能够增长寿命，而最显著的效果当然是表现在减肥这件现当代女性十分在意的事情上。因为在推摩腹部的时候，能够将腹部堆积的食物慢慢地糅合，促进消化，由于现代社会的食物大多属于高油脂的食物，每次都会有大量的胆固醇食物堆积在胃里，而很难消化，常常造成消化不良，胃胀气，肠胃胀痛、血瘀不畅等病状，容易产生赘肉，啤酒肚、游泳圈因此产生，而摩腹能够使腹部的皮肤和皮下组织产生刺激，促使腰腹部的血液循环加快，加快胆固醇的分解，促使腰部的赘肉逐渐消失，塑造一个完美的身体。

再者，摩腹是清除体内毒素十分有效的方法。因为人的体内存在着大量的细菌，进行自我发酵，自我腐败，然后产生有害的物质，腐蚀人体内的器官和组织，促使人衰老和疾病发生。

然后，摩腹能够健脾开胃，强健脾胃，保健养生。坚持每天摩腹，再配合健康的饮食习惯，对于肠胃疾病的人来说能够收到明显的治疗效果，尤其对于肠胃不好的成年人来说，轻手法的摩腹对于肠胃来说是个很好的治疗方法，而对于健康的人来说，能够疏通全身的经络，调气和血，使肠胃有很好的舒服感。

再者，摩腹应该注意什么？

1. 摩腹主要是以治疗和预防脾胃不适、消化不良、腹部水谷积滞和腹胀中满等腹部疾病，同时对一些胃部疾病，比如慢性胃炎、胃黏膜脱垂、胃下垂、胃肠神经官能症、肠功能紊乱、慢性结肠炎、习惯性便秘等也有不错的疗效。因为脾胃是全身器官中较为重要的部分，因此脾胃的健康是能够影响全身健康，所以摩腹也可以被看作是治疗全身疾病的辅助方法。

2. 摩腹不可以在“过饱”或者“过饥”的时候进行，而且最好在排空小便之后进行，只有这样才能有养生的效果。

3. 两只手相叠要适当地掌握力度，手法要尽量柔软，摩腹的位置只要是以肚脐为中央的腹部，范围向上可以至肋骨处，向下可至小腹处，一般都是按照肠道顺通的方式进行，即顺时针的方向，每次摩腹的时间应控制在 10 分钟左右，要稍作休息才能够进行下一次摩腹。

4. 现代医学认为腹部推摩可使胃肠及腹部肌肉强健促进血液及淋巴液循环。应该注意的是：腹部按摩还需排空小便意守丹田才能收到良好养生保健益寿的效果。

5. 洗净双手。

6. 避开肚脐。

7. 摩腹一般都是为轻手法，日常健走摩腹时，力度不要过大，不要带动皮肤下的皮下组织扭动，只要在配合其他手法治疗时，如便秘等，才可以稍微加重力度。

8. 如若患有恶性肿瘤或其他腹部病的人最好不要进行摩腹。

9. 如果在摩腹过程中，腹部出现温热感、饥饿感，或产生肠鸣音、排气放屁等，都属于正常反应，无须担心。

现代医学一般认为，摩腹通过手掌与腹部的皮肤接触，能够强健胃肠和腹部的肌肉，从而进一步促进血液循环系统的灵活性，使肠胃的蠕动力加强，增多肠胃里的消化液分泌，改善肠胃的消化功能。这样，肠胃里的食物便能够得到充分的消化和吸收，胆固醇等物质就不会堆积在腹部，就不会形成大量的脂肪，造成人的肥胖，反而能够使人的身体强壮、健康，并且拥有一副十分标准的好身材。

摩腹对于治疗消化不良和习惯性便秘的作用十分显著，尤其是老年性便秘。便秘是中老年人健康最大的敌人之一，不仅会诱发肛裂、痔疮、结肠癌等恶性疾病，还会引起脑出血、脑卒中等疾病。中老年人由于平时的日常活动少，肠胃肌肉开始出现松弛，肠胃蠕动的活动明显减少，消化液分泌减少，导致消化功能明显减弱，因此常常有腹胀等消化不良症状，很容易发生便秘。如果能够在每天进行健走的过程中摩腹，每个星期 3 次，每次 30 分钟以上，就能够有助于强胃健脾，增强肠胃的消化功能，改善腹胀等消化不良的症状，防治便秘。而且，摩腹因为触及皮肤和皮下组织，通过神经的传导作用，还能刺激末梢神经，使各种毛细血管都得到了较好的开放，皮肤组织间隙的废物得到干净的排除，从而能够促进人体内的新陈代谢，起到消除腹部脂肪、健康减肥的作用。

同时，多种临床实践还证明，摩腹对于原发性高血压、冠心病及肺心病、肺气肿、糖尿病和肾炎等慢性病都有很好的辅助治疗作用。

绕圈走，矫正身体一边偏

医学上常说，快步走的健身效果相当于同等时间的慢跑。走路在于人类基本生命中最常见，最基本的运动方式，它的健身价值一直受到人们的肯定，而走路也有各种各样的形式，中国一直对于圆形有着特殊的感情，中国武术里的八卦就是从圆形发展过来的，而有更聪明的人从八卦中，推出最适合人的养生疗法，也就是——绕圈走。

绕圈走，顾名思义，就是走一个小圈，以 7 ～ 9 步走完一圈为最佳。在运动中，最好以 15 ～ 20 分钟换一次方向，再继续走圈，大约走 30 分钟就稍微休息，然后再继续新一轮的绕圈走。

绕圈走的基本动作要领分为腿、手和头三部分，下面就以顺时针作为例子来介绍一下三部分的动作要领。首先，头部要昂首，以视线的水平线稍微往上，每隔一段时间往左往右微微转头；其次，手形部分，肘要屈起，手臂要向外撑开，四只手指自然分开成最大的状态，放下时呈自然下垂的状态，行走时指尖相对，大概相距 10 厘米左右，放在胯部的位置；再次，腿的部位，左脚的脚尖要笔直地向前方迈出，通过腰部的力量提起右脚，沿着左脚的内侧慢慢迈出，然后右脚慢慢向内形成扣步，画出一个角度，从而使人能在笔直站立的情况下完成一项绕圈动作。一圈完成后，两只膝盖要微微屈起靠拢，双肩自然下垂。

绕圈走的方法一般是设想平坦的地面上有一个半径为一米左右的圆圈，绕圈走的时候，双臂要自然地在身体两侧伸直，先是顺时针方向走 15 圈，再反方向走 15 圈，来回替换，大约绕圈走 30 分钟即可。休息时，先保持站立的姿势，抬起双臂，一只手掌在上，不要超过头顶，一只手掌与肚脐眼的位置平齐，大约安静 2 ～ 3 分钟，再更换左右手的方向。双臂感到疲惫的时候，将手臂力量放松，自然下垂。

在进行绕圈走的前期，会有轻微的眩晕和呕吐的感觉，这些都属于正常反应，大约练习 2 个星期之后就能够自然消退，因为小脑的平衡功能得到了提高。

那么绕圈走对身体有什么益处呢？

首先，绕圈走属于典型的有氧运动，能够有效地消除全身多余的胆固醇和脂肪。绕圈走的同时也具备使肠胃紧缩与扩张的功效，能够按摩肠胃，缓解便秘，许多人在坚持绕圈走之后会明显感觉到精神抖擞，心情舒畅。

其次，绕圈走这种方法十分简便，一学就会，不受年龄的限制，儿童和老年人都可以用这种方法进行运动，有助于疏通全身的经脉，能够很好地调节气血，维持人体的平衡，治疗并预防低血压、偏头痛、失眠等一些常见疾病。

再次，每次绕圈走的时间维持在半个小时以上，就能够消除腰腹部的脂肪，防治肥胖症等顽固性疾病。

不过绕圈走也需要注意一些特殊事项，首先绕圈走的速度不能过快，要保持自己的节奏，也不能太慢，太慢没有成效。其次，绕圈走了数圈之后一定要换方向，不然身体会有一边偏的危险；再次，绕圈走时眼睛不要到处看，一是要练习眼睛的定力，二是如果到处看会加重头晕的现象。

变速走，提高自我调节力

现代社会飞速进步，公路上的车辆越来越多，每天的高峰期是车水马龙不间断，因此我们也有必要了解汽车里有一个装置，叫作变速器，变速器在汽车中的作用十分重要，下面我们先来了解一下变速器的作用。

首先，变速器能够满足不同车辆行驶对牵引力的影响，使发动机在能力允许的情况下，满足各种可能的行驶速度的要求，变速器的基本作用是改变传动比，也就是在一个较大的范围里改变汽车的行驶速度，因为在不同的地方，汽车的行驶速度是不一样的，这就要求汽车能够适应任何条件下的变速，因此变速器的作用十分重要，比如汽车在高速公路上行驶的时候，速度会要求达到每小时 100 千米，而在平时的时候，车速就要控制在每小时 50 千米，而汽车发动器的变速范围是非常小的，这样就不能满足实际的需求，容易发生交通意外，因此变速器的存在十分有必要。

其次，变速器能够实现汽车的倒行驶，汽车内部的发动机只能够向一个方向行驶，而在需要倒退行驶的时候，常常需要变速器的倒挡作用来实现，才能够满足汽车的倒退行驶的需要。

再次，保证行驶的安全。变速器能够中断动力的传递，在发动机发动的时候，能够使运转怠速，比如在汽车需要换挡或者停车的时候，能够中断动力传输，使汽车处于一个安全的状态，而且在空挡时期，离合器处于结合状态的时候，变速箱也可以不输出动力，这样就能够保证驾驶员在发动机不熄灭的情况下离开驾驶员的座位，而没有任何危险性。

从上述变速器对汽车的作用来看，它能够很好地调节汽车的控制能力，那么我相信变速走这项健走方法自然对人体的运动和人体的健康的维持也具有非常重要的作用，同时能够提高我们对自己身体的自我调节力，下面我们就来看看变速走对运动的好处。

变速走，顾名思义，就是在健走的整个过程，每隔一段路程就使用不同的速度，时快时慢。变速走这项运动的适合对象是那些耐力不足够但又想坚持运动的人，或者忙碌的上班族，因为变速走能够在短时间内达到运动量的最大负荷，对于减肥或者健身都有明显的好处。

变速走会对人体的柔韧性产生良好的影响，这项运动就十分适合成天坐在办公室，缺乏大块时间运动的上班族，因为上班族在办公室长期坐着，伴着不正确的坐姿，容易产生驼背等问题，而工作时间过于紧凑，不能够挤出大块时间专门去锻炼，而变速走就能够在最短的时间和最短的距离内，增大运动负荷，实现每天的运动目标。

走走停停的变速走在体能和精力的消耗上十分巨大，十分适合缺少时间的人，尤其在变速走的快走阶段，它的强度几乎可以与慢跑基本持平，但因为是走，所以所受的冲击要小于慢跑，比慢跑安全，但它的效果要高于单纯的健走。

同时，变速走还有利于提高心血管系统的供血功能。特别是在变速走的快走阶段，呼吸频率和深度明显比平时的健走增加了很多，十分有助于加大体内的肺活量，从而促进全身的氧气循环，使身体处于一个健康的状态。

一般进行变速走运动，有三种最基本的方法，分别是“慢长，快短”“慢快相等”和“慢短，快长”。其中最受医生和生理学家推荐的是第三种——“慢短，快长”的运动方式，因为这种运动方式所需要的运动量大，消耗的体能最多。在进行健走运动的过程中，可以把这三种方法结合起来运动，比如在第一个星期的时候，用先慢走 60 步，再快走 40 步的方法，来回重复 30 分钟左右；在第二个星期的时候，就使用先慢走 50 步，再快走 50 步的方法，来回重复 30 分钟；在第三个星期的时候，就改为使用先慢走 40 步，再快走 60 步的方法，来回坚持 30 分钟。以三个星期为一个循环，再依次分别用“慢长，快短”“慢快相等”和“慢短，快长”的变速走方法。

但是切记，不论是哪种组合或者如何组合，一定都要遵循先慢后快的顺序，一定要以缓和的慢走作为变速走的起步。因为在慢走阶段，能够很好地调整呼吸和心率，相当于一个健走热身的准备环节，健走有助于保持良好的身体状态，慢走一开始和平时走路是一样的，用不到什么肌肉的运动，然后使用变速走的快走，就能够补充慢走的不足，步伐要尽量大，速度要保持一定的频率，并且每次都要坚持 30 分钟，才能够较好地得到锻炼运动的效果。此时，再配上正确的呼吸方法，还能够排出体内的污浊空气。

当然，每种运动方式都有它需要注意的地方，而且任何运动方式都不可能适合所有的人，因为每个人的体质和生活习惯等个性化的东西都是不一样的，因此效果更是因各人情况而有差异。体质较差的可以先坚持匀速走，在适应这种运动的状态之后，再进行变速走。

刚开始尝试变速走的人，每周最好都详细地记录自己走完时的心率和心跳，用来检测这种健走方式是否是适合自己，自己的身体能不能够适应变速走造成的负荷感。另外，在不断健走的过程中，找到适合自己的速度，结合自身对变速走的感觉，根据自己每天的精神状态，随时灵活地调整变速走的计划。这样，在我们对变速走这项运动有深入的了解之后，我们也提高了自身对身体的自我调节力。

横着走，帮助消化，促进肠蠕动

我们熟知的一种动物有着与其他动物完全不同的行走方式，不知道大家有没有想到它为什么要这样走路呢，我一直都很好奇。螃蟹为什么横着走？后来，在我慢慢地接触了健走这项运动之后，在每天坚持直行向前走这样的健走方式的过程中，也会尝试着不同的方法来得到更好的锻炼效果。后来在无意之间，想到螃蟹是横着走的，于是在平时的健走过程中试了试横着走这种方法，也发现了横着走原来也有很多妙处。

我们首先来了解一下螃蟹为什么横着走，小时候曾经学到，螃蟹行走是依靠地球的磁场来判断方向的。螃蟹是一种很古老的动物，它的内耳有很小的定向磁场，所以它对磁场是十分敏感的，能够很好地判断方向。但是地球的形成经过漫长的岁月，地球磁场的南北极已经发生过好几次的倒转了，它的倒转已经导致了很多动物和植物无所适从，从而导致了物种的灭绝，螃蟹也不能免受其害，它内耳的小磁场逐渐失去了定向的功能，为了能够在磁场倒转的环境中生存下来，螃蟹决定不前进不后退，横着走，以不变应万变。再从生物学的知识来看螃蟹，它的胸部左右比前后要宽，八只脚又长在身体的两侧，因此螃蟹的身体结构促使螃蟹只能横着走。

从螃蟹只能横着走的事情上分析，我们能够从中得出很多哲学性的启示，比如每个人都会在生活中遇到一些事情，而这些事情最佳的解决方式就是调整我们自身去适应，适应这个社会的变化。那些因为磁场倒转而遭到“灭绝”的动植物就在于不会调整自己，也许调整自己适合了磁场的变化，它们就不会灭绝，可能会成为一个很大的物种。

同样，把螃蟹横着走的方式应用到健走这项运动上来。横着走，也就是朝着左手或者右手的方向走，也是一种反常规的运动，与原先人们直行向前走的运动顺序完全，属于一种非自然的运动方式，因为与先前的运动方式不一样，所以它会消耗比直行向前走更多的精力和体力，同时具备了其他运动方式所不具备的特殊功能，是一种很好的运动锻炼方式，是一种有益的健身方法。

如果螃蟹直行向前走，那么它的行走速度一定没有横着走的速度快。横着走，眼睛的视线就不在笔直的前方，而是需要人们集中注意力，以防摔倒，所以横着走对于活动大脑的思维，提高大脑的认知能力，防止老年痴呆有很好的成效。

最重要的是，“横着走”这种方式要求人们必须昂首、挺胸、收腹、提臀，可以有效地消耗腰部和臀部的脂肪，同时锻炼了平时直行向前走用不到的肌肉和体内的组织，活动了全身的经脉，使全身的血液循环都得到了很好的改善，促进人体肠胃的蠕动，帮助消化。

那么，如何能够更好地促进“横着走”的运动呢？下面，我们提供一些方式，让你平时的“横着走”能够发挥最大的作用。

第一种，缩小“横着走”的步伐，同时稍微增加一点速度。很多人都会有一个误区，因为“横着走”是健走的一部分，所以很多人在追求走路速度的过程中习惯加大步伐，其实这是错的，应该在“横着走”的时候缩小步伐，这样既能够保证健走的安全，又能够起到合适的锻炼效果。

第二种，在不同的路面上“横着走”。其实不同的路面，带给脚的冲击力和压力是不一样的，自然给身体的刺激也是不一样的。平时健走的地面一般都是柏油路或者公园里平坦的路，有时候可以试一试草地或者沙滩，不同地面上的行走能够使人体消耗不同的体力。

第三种，“横着走”的时候在身体上加一些负担，比如背一个包，这样有利于矫正背部的脊椎和神经，当然背包不能太重，不能超过自身体重的百分之十五，否则会伤害背部和腰部。

第四种，“横着走”的时候结合全身的运动，这样运动才能够均匀到全身。手臂在上下来回摆动，但摆动的幅度最远大约离身体前后不超过 15 厘米就可以了，最高摆动到胸部上下即可。

第五种，“横着走”是其中一种健走方式，如何结合其他的方式一起，就能够收到事半功倍的效果。如果先进行 20 分钟的“横着走”，接着进行“变速走”中的快走，大约 5 分钟，然后进行 5 分钟的“拍打走”，然后稍作休息，又开始一个循环过程，那么你就会觉得全身的脉络都动了起来，肠胃蠕动的效果更加明显，更好地促进消化系统的运行。

同样，“横着走”也有它需要注意的地方，因为不管什么运动方式都不可能适合所有人，因为每个人的体质和生活习惯等个性化的东西都是不一样的，因此效果更是因各人情况而有差异。下面我将针对一些患有慢性病的群体说一些注意事项。

患有糖尿病的人“横着走”的时间最好定在每次的饭后大约半小时之后进行，因为这样可以减轻饭后血糖升高的情况，每次“横着走”的时间也以半个小时为最佳，如果正在服用胰岛素的人，那么就应该主动避开胰岛素作用的高峰期，“横着走”的时候步伐不要过大，但要保持一定的频率，胸要挺直，双臂最好用力摆动。

而患有高血压的人“横着走”的时间也最好定在饭后半小时左右，每次“横着走”的时间也以半个小时为最佳。“横着走”的时候步伐不要过大过快，维持一个中间的速度，胸也要挺直，否则会使胸部感到一定的压迫感，从而影响心脏的供血功能，脚着地时要前脚掌先着地，然后脚跟再着地，这样大脑才不会处于一个震荡的状态，避免引起头晕等现象。

第五章

健走，其实随时随地都可以进行

健走这项运动之所以成为全民性的运动，除了它能够收到比散步更好的健身效果，以及比慢跑这项运动所受的伤害要小之外，更因为它是一项低投入，高产出的运动。总的来说，就是脑子要有一个健走的意识，随时利用任何的碎片时间来进行健走，只要把健走这项运动融会贯通到日常生活中了，它就能发挥出巨大的作用。

上下班时如何健走

健走是世界卫生组织公认的最佳运动方式和减肥方式。因为上班族没有充足的时间进行身体锻炼，于是“健走族”应运而生——健走上下班。上下班一般正好都是城市交通的早晚高峰时间，健走不但可以免去挤公车的痛苦，而且还有很多有益于身心健康的好处。

在办公室上班的几乎全天都是坐在办公桌前面，偶尔起身喝个水，上个厕所，基本上在工作的八小时之内，都会长时间保持一个姿势在办公桌前，长期保持着一个不正确的姿势对身体会产生不好的影响，因此，为了我们的身体健康，我们需要在上班的时候进行健走，这样才能有更多的精力去面对一天的工作，在早餐后健走上班，能够加快肠胃的消化和食物的吸收，帮助新陈代谢系统维持正常的运转工作，从而保持良好的身姿和体型。下班的时候也应该进行健走，这样才能够缓解上班一天造成的身体劳累。健走时保持抬头挺胸，双臂摆动，能够缓解肩颈酸痛，还能够借此排遣一天工作的压力以及老板给的压力。

如果你的公司离你的住宅很近，大约 3 千米的路程，或者步行或者骑自行车半个小时能到，那么我强烈推荐你不要乘坐任何交通工具，不要开车，也不要挤公交车，请选择健走，每天的早晚高峰耗费在路上的时间足够你进行一项健康的运动，这样既可以节约了一部分的交通费，也可以锻炼到自己的身体。如果你的公司离你的住宅较远，也就是大于 3 千米以上，那么你早上来上班，可以选择在离公司两三站的公交站下车，然后把去往公司的路程用来健走锻炼，下班的时候可以在离你家还有两三站距离的公交车站下车，也利用这段路程进行健走，长久坚持下去，你身体的状况将会好转很多的。如果遇到特殊的天气，比如暴风雪等天气，请适当选择安全的交通工具。

上班的过程中，可以选择直行向前走，因为要赶时间去上班，因此不能够耗费太多时间在路上。直行向前走是健走运动方式中最为普通的一种，它属于一种低投入的有氧运动，能够促使心脏的功能强大，输送更多的血液到体内的各个组织中，从而能促进体内各种防护细胞和免疫细胞的积极运作，同时，每天健走 1 个小时，就能够提高抗感冒能力将近 1 倍，使精力充沛，提高工作效率，增强身体免疫力。

向前直行走之前最好先放松地走十分钟左右，做一个身体的基本热身，热身的方式大概就是双臂来回摆动，活动活动肩膀和脚踝，然后试着深呼吸几次，会稍微出一点汗，再进行向前直行走，能够得到不错的施展效果。向前直行走大约走 30 分钟之后，可以有适当的放松运动，脚步慢慢放慢，放慢走 10 分钟左右，然后做一些伸展运动，舒展背部、腰部和腿部的运动，大约 10 分钟就可以了。这样一整个过程就是向前直行走较为完整的一个过程，收到的效果也很不错。

这样在上班的过程中，就可以轻松得到了运动的效果。只要坚持每周直行向前走三次，每次一小时，连续健走 3 个月，能够有效消除全身疲劳，提高学习、工作效率，大脑的思维能够变得清晰灵活。

下班的时候，因为时间比较充裕，所以可以进行一些不同方式的健走运动。比如，倒着走，因为下班后运动的地方可以选择在小区或者公园，环境的安全问题能够得到保证。倒着走，又称“后退走”或“后退行”，是一种反常规的运动，与原先人们运动顺序相反，它消耗了比散步和慢跑要多得多的能力，对腰臀和腿部肌肉有明显的锻炼效果。因为运用了与之前完全相反的行走方式，所以具备了其他运动方式所不具备的特殊功能，是一种很好的运动锻炼方式，是一种有益的健身方法。

“倒着走”以连续向后退步走为最主要的动作，它的基本要领是：倒着走时，膝盖不要成弯曲的形状，步子要均匀，步调要缓慢，双手握成拳状，上臂、下臂轻轻地向前后摆动，头要抬起，胸挺直，呼吸要有规律，走几步就要深呼吸一次，每次最好坚持走 400 步，如此坚持一段时间就能够收到意想不到的成效。

“倒着走”需要腰部力量挺直或略微向后仰，这时候的脊椎和腰部、背部的肌肉会承受着比平时向前走更大的重力，使平时向前行走得不到充分活动的脊椎和背部肌肉都得到了很好的锻炼，有利于疏通调顺气血。平时在办公室工作的人，采用“倒着走”的方法，能够消除工作和学习产生的疲劳以及腰酸背痛的痛苦，长期坚持“倒着走”，对腰部疼痛有明显的治疗作用，能够减轻甚至防治腰椎、肩周、颈椎等疼痛。

而且倒着走的时候，一般动作频率是比较慢的，因为视线的原因，也因为与平时习惯完全相反的原因。倒着走的体力消耗是不大的，比直行向前走消耗得要小，所以这项简单的活动是很适合那些没有长久运动习惯的人，或者本身体质虚弱的，或者患有冠心病、原发性高血压等慢性病的，不适合做剧烈运动的人，因为倒着走不耗费大量的体力，低投入高产出，能够较好地保持身体的健康。

回家之后如何健走

对于每天八个小时上班的办公室职员来说，每天的工作量很大，整天对着电脑头昏眼花，而且还要面对公司同事的竞争、老板的压力等问题，一回到家，整个人都处于一个放松的状态，本来定好的健身计划都会泡汤。长期如此，身体的健康状态就会令人担忧。针对这种情况，其实不必担忧，因为健走这项运动是不受地点约束的，在任何地方都可以进行，而且在家里健走，不会花费很多的时间，又能够起到锻炼的作用。

健走的形式多种多样，其中有几种特别适合在家里进行，因为对空间的宽度和广度要求比较小，比如爬着走。爬行是运动发展过程中一个重要的阶段，是一种非常好的全身运动。爬着走能够使全身上下各个部位的肌肉都直接参加活动，参与锻炼，从而使全身的肌肉和骨骼都得到很好的锻炼，能够促进骨骼的完整发展。

爬着走的过程中，也需要保持昂首挺胸，然后上肢和下肢平衡移动支撑着身体，只有动作保持协调才能够完全保持爬行的平衡，而且爬着走的姿势可以经常变化，因而能够促进小脑的平衡功能的发展，促进手和脚，头脑和眼睛一起协调运动，共同促进大脑的发展。

在家里，可以把客厅或者房间的地板拖干净，最好是铺上一层泡沫地板，保证地面的柔软性，保证爬行过程身体上不受损伤，然后在地面上进行爬着走，可以从房间的一头爬到另一头，来回爬，大约爬 30 分钟就能够达到运动效果。

爬着走很适合身体的结构，全身的骨骼和肌肉都向四面八方伸展，使全身的每一块肌肉和骨骼都得到了很大程度的伸展，有效地促进全身的血液畅通的循环，增强身体的健康水平，增长人的寿命，因为爬着走属于健走其中一种方式，起到了很好的运动作用，同时又充分活动了全身的血液和神经，能够较好地维持了全身的活力和精力，身体得到充分的锻炼，因此能够使人的寿命得到一定程度的延长。

爬着走的过程中，腿部的动作和徒步健走时的动作要领一样，保持腹部的微微扭动，灵活运动大腿和小腿的肌肉，这样在家就能够达到健走的效果，促进血液循环，活动全身的血液和神经，增强身体的健康体质，而手部虽然紧紧贴住地板，也要保持运动的姿势，手掌呈半握拳的姿势，手臂呈弯曲状态平放在地板上，以手腕为重心点，爬着走时以手腕为支点，上臂通过剧烈摆动而向上移动，下臂紧紧跟上，然后带动全身的爬行，腿部也大致呈完全状，以脚关节为重心点，爬着走时大腿先用力往上，带动小腿往上爬。

日常等车、等人时如何健走

生活中有很多事件是我们无法预料的，比如我们认为早班车是八点，它却在八点半才慢慢驶来，比如我们和朋友约好晚上七点见面，结果他说因为路上堵车等原因要八点才能够到，而且又不肯取消约定，我们就不得不花一些时间去等待。

那么在这些等待的时间里，我们没有办法去健身房做一次完整的锻炼，因为说不定早班车在你刚走一步就来了，可能你朋友后脚也就到了，那么我们在这段不能确定的时间里能做些什么才有意义呢？答案就是健走，没错，健走就是有各种各样的形式来钻时间的空子，让所有的时间都为健走服务，低投入就会有高回报，一点点时间的付出就能够得到一副健康的身体，何乐而不为呢？

等人、等车的时候，所具备的空间条件十分有限，不像在公园或者专门健走的地方有足够的空间，因此有两种健走方式十分适合日常等车、等人时的时间。一种是“S”形走，所谓的“S”形走，就是走路的路程是一个“S”的形状，也就是说健走时只需要一个“S”形状的地方，在公交车站牌处，在店面前的空地处都可以做到。

因为“S 形走”走起来是弯曲的，当步子迈开，胳膊用力地甩开，全身的肌肉都得到活动，全身上下的器官都能够得到很好的调节，也能很好地促进新陈代谢，每次进行十分钟或者更多时间，坚持一段时间之后身体的状况就能得到明显的改善。

“S 形走”作为一种全身性的运动，可以将全身上下大部分的肌肉和骨骼都活动起来，从而增强人体内部的新陈代谢活动，增强小脑的平衡性，同时可以使大脑皮层有兴奋的感觉，从而能消除疲劳、清醒头脑，调节精神。“S 形走”更能收缩腹部的肌肉，加强肌肉上下运动，而且使肠胃的运动更加灵活，加强了消化系统的作用，促进血液循环，使全身肌肉达到平衡发展的状态，而内部的血液和器官都达到平衡，提高人体本身的平衡能力。

而且对于上班族来说，走“S”形最恰当不过，因为他们平时缺少必要的体育锻炼，身体状况不能适应高强度的运动，不宜走得过快，而走“S形”能够使步伐得到很大的缓冲，又不影响健走的质量和数量。

第二种是绕圈走。绕圈走，顾名思义，就是走一个小圈，以7 ~ 9步走完一圈为最佳。在运动中，最好以每15 ~ 20分钟换一次方向，再继续走圈，大约走30分钟就稍微休息，然后再继续新一轮的绕圈走。

绕圈走的方法一般是设想平坦的地面上有一个半径为一米左右的圆圈，所需要的空间条件十分简单而且实际。绕圈走的时候，双臂要自然地在身体两侧伸直，先是顺时针方向走15圈，再反方向走15圈，来回替换，大约绕圈走30分钟即可。休息时，先保持站立的姿势，抬起双臂，一只手掌在上，不要超过头顶，一只手掌与肚脐眼儿的位置平齐，安静2 ~ 3分钟，再更换左右手的方向。双臂感到疲惫的时候，就将手臂力量放松，自然下垂。

绕圈走的基本动作要领分为腿、手和头三部分，下面就以顺时针作为例子来介绍一下三部分的动作要领。首先，头部要昂首，视线的水平线稍微往上，每隔一段时间往左往右微微转头；其次，手形部分，肘部要屈起，手臂要向外撑开，四只手指自然分开成最大的状态，放下时呈自然下垂的状态，行走时指尖相对，大概相距10厘米左右，放在胯部的位置；再者，腿的部位，左脚的脚尖要笔直地向前方迈出，通过腰部的力量提起右脚，沿着左脚的内侧慢慢迈出，然后右脚慢慢向内形成扣步，画出一个角度，从而使人能在笔直站立的情况下完成一项绕圈动作。一圈完成后，两只膝盖要微微屈起靠拢，双肩自然下垂。

不过绕圈走也要特别注意一些特殊事项，速度不能过快，要保持自己的节奏，也不能太慢，太慢没有成效。其次，绕圈走数圈之后一定要换方向，不然身体会有一边偏的危险；再者，绕圈走时眼睛不要到处看，一是要练习眼睛的定力，二是如果到处看会加重头晕的现象。

任何时候都能够进行健走锻炼，只是看你有没有一颗渴望健走的心，有没有一颗渴望拥有健康体魄的心。如果能够把时间和健走很好地结合起来，那么你将会收到意想不到的效果。

参加会议期间如何健走

上班族每天的活动除了在电脑面前没日没夜地忙外，最常见的活动就是参加会议了，任何部门在一个月里有很长一段时间都在开会，开会也是坐着，短的会议还好，如果是长时间的会议，因为长期保持一个姿势，腰部会有酸痛的现象，而且脊椎也会受到挤压。

在参加会议中，有些是需要更换楼层的，有些则是需要走一段路才能够到会议室，在去往会议室的路上，可以抓紧时间进行一些锻炼，不建议坐电梯，如果相差的楼层在 1 ～ 6 层之间，可以借助楼梯做一些健走锻炼，如果楼层过高，就乘坐一半楼层的电梯，然后走一半的楼梯。

而在会议室，又不能够经常性起身活动筋骨，最多往后仰，伸个大懒腰，活动活动手腕和脚腕，然后分个神，往窗外瞥几眼，这样虽然对放松压力有一定的好处，但是成效不高。在参加会议期间，利用健走的方式来进行锻炼。也许我们在会议室不能够站起来做运动，但是手部和腿部都可以处于一个凌空的状态，做健走的运动。

由于处在一个狭小的办公区域里，只坐在椅子上，腰腹部先处于一个凌空的状态，小腹收起，提臀，双眼平视前方，肩膀要放松，双腿并拢，手部要求上臂弯曲 90 度，双手保持半握拳姿势，上肢上下摆动，向上时手指与肩膀相平，向下时手指贴到裤子的中线，同时腹部微微扭动，同时两只脚抬起来，先旋转双脚用来活动踝关节，然后微微屈起，右脚先往上，再左脚往上，像是做一个凌空踏自行车的形状，两只脚要相互交替着向上，最高能够推到胸部的位置，人体的重心要假装由脚后跟过渡到脚尖，然后再回到脚后跟，然后来回循环，每一步都用脚趾发力蹬离地面，同时，你还能够配合着做提肛运动，也就是在吸气的时候稍稍用力收缩肛门，把屁股向上提起，呼气的时候要处于一个自然放松的状态。

还有一种方式，就是在保持脚部在凌空健走的姿势，双手进行摩腹运动。摩腹，在上文的健走方式中做过详细的介绍，这里不一一展开。摩腹主要是指对腹部进行有规律的特定按摩的自我按摩方法，在坐着的时候，呼吸要自然，双手自然垂下，伸开手掌放在肚子上，大致按照先用右掌心贴附在肚脐的部位，左手叠于右手背上，按顺时针方向按摩，由肚脐部逐渐扩大到全腹，然后逐渐缩小按摩范围，回到肚脐部。大约按摩 36 圈之后，然后逆时针方向按同样的方法由小到大按摩 36 圈，慢慢回到最开始的状态，整个过程大约需要 8 分钟，是一种非常适合参加会议时和上班族使用的锻炼方式，这样有助于缓解参加会议产生的疲劳，防治头痛、眼睛痛以及头脑眩晕等症状。

第六章

健走，我们需要注意哪些问题

每一项运动都有他的适应人群和它的注意事项，世界上没有哪一项体育运动是适应任何人的，也没有任何一项体育运动没有需要特别注意的问题，我们在进行健走或者制订健走计划时，需要考虑诸多因素，甚至要考虑健走时该穿什么衣服。以下便是我们为大家总结的健走时必须注意的事项。

健走时候要注意的时间

常常会有人问，什么时候最适合健走，有时候会想要精确到几点几分。因为每个人都想在恰当的时间里得到最好的锻炼效果。网络上有很多专家针对健走的时间也有不同的意见，有些专家说早上最适合健走，也有专家说傍晚最适合健走，还有些人说晚上八九点最适合健走，从而让有些人感到困惑，不知道真正适合健走的时间。

其实，每个人都是一个不同的个体，身高体重不一样，身材比例不一样，存在着很明显的体质差异，心肺的功能不一样，体质的状况也不同，而且每个人的工作作息和生活作息也是不一样的，而且每个人能够用来运动的时间，以及适合运动的方式都是不一样的，从这些不同的差异来看，适合每个人的锻炼的最佳时间也是不一样的，适合每个人的健走时间最好是根据自己的体检单，以及对自己的生活作息、饮食习惯还有生活习惯来制订最适合健走的时间。

而且，每个人的职业都是不尽相同的，上班族在傍晚下班的时候正是饭店等服务性行业的人工作高峰期，有些上班族下班后还要为家里的老人、小孩做晚餐，因此让他们遵循傍晚运动的最佳时间，未免有点困难而且不大现实。

下面，我们就来了解一下每个时段进行健走的好处和应注意的地方。

一、早晨健走

一般都提倡早睡早起，有一种说法是早晨 6 点到 8 点的时间十分适合健走。有句话常说，一天之计在于晨，早晨是新的一天的开始，所以健走也要趁早晨的时间。从好处方面来分析，自然也有很多的好处，首先，从减肥的角度来考虑，每个人在晚上睡觉的时候到早晨醒来之前的时间里已经消耗了一天的能量，醒来的时候肚子已经是空的了，没有任何能量了，这个时候去锻炼的话，燃烧的自然不再是食物的能量，而是体内积蓄的脂肪了，因为当人体肝脏内的糖原降低到一定浓度时，就会消耗体内的脂肪。从这一点来看，早晨是减肥的一个好时机，因此在早晨进行健走，就能够有效地防治脂肪肝，减掉肚子上的赘肉，就能够收到意想不到的减肥效果。

其次，根据研究人体机能的资料表明，人体的机能在一天二十四小时之内是不断地在变化的，每个时刻都是不同的，研究证明，人体的机能在每天早晨的四个小时里是最好的，不管是肌肉的速度，还是肌肉的力量和耐力都处于一个最佳运动的状态，如果在这四个小时内进行健走，身体将得到很好的锻炼，而锻炼又能够收到很好的效果。

再者，根据医学和生物学专家对人类记忆力的研究，最终发现，人的记忆力在早晨的时候是趋于一个上升的趋势的，在上午十点的时候到达一天的最高值，所以早晨锻炼有助于提高人的记忆力，尤其是增加对运动技能的记忆，如果在这个时候学习一些体能运动，比如太极拳等，或者其他的一些运动技能，早晨的学习效果要强于其他时间的学习。因此，早晨健走收获的效益要大一些，多一些，而且效率高一些。

曾经有人指出，早晨的空气里二氧化碳成分比较多，对人的呼吸系统不好，其实，白天的任何时候，汽车尾气以及污染性产业都会放出二氧化碳，所以这个说法并不能成为早晨不适合健走的主要理由。古人有一个词语——闻鸡起舞，根据《晋书·祖逖传》记载，传说在东晋的时候，著名将领祖逖在他很年轻的时候就很有抱负，每次与他的好友谈到国家命运的时候，总是很慷慨激昂，甚至义愤填膺，他怀有一颗报效祖国的心，因此在半夜一听到公鸡打鸣，就立马穿上衣服，拔出剑来练武，这就是“闻鸡起舞”的来历，从中我们可以看出早晨锻炼的习惯是在古人的时候就已经流传下来了，因此值得我们效仿。

而且在夏天和秋天，太阳出来的时间比较早，健走的时间也可以相应提前，五六点钟就适合健走了。不过要注意的是，有雾的早晨最好不要在户外锻炼，因为现代社会工业的污染，雾里含有很多对人体健康不利的物质，如果人长期在受了污染的雾里健走，就会吸入大量的有害物质，对于人体呼吸系统和各个器官都有不好的影响，所以在有雾的早晨，健走可以在室内进行，不用去室外，也可以选择在雾散之后的十点左右的时间里。

在早晨健走有很多好处，很容易使人精神振奋，致使人一整天心情都很愉悦。首先，在早晨健走能够增强一天的体力和能量，众多研究表明，早上健走能够让人在一天的生活和工作的精力都保持充沛，充满活力，提高学习和工作的效率；其次，在早晨健走能够活动你的脑力，促进脑海里的蛋白质的活动量，增强神经的敏感度，规律的运动使身体产生很好的健康效果；再者，在早上健走能够促进体内胆固醇的燃烧，帮助减少热量，从而促进良好的身体状态。

二、中午健走

中午健走能够解决一些人担心早晨的空气质量比较差的问题。一般都认为，植物在晚上不进行光合作用，因此早晨的时候，空气里都是植物吐出的二氧化碳，而且加上工业污染造成的有害物质，有些人就会担心在早晨健走会吸收大量的有害物质，而中午的时候，植物通过光合作用释放很多的氧气，供人们呼吸。

近些年，不少科学家一直在探究生物钟和运动之间的关联，希望找到一个时间点，这个时间点能够消耗最多的脂肪，能够得到最好的锻炼效果。在成堆的研究背后，一个大致的关系正在浮出水面，也就是身体温度的变化会影响锻炼的质量与效果，具体地说，当你的体温越高，你锻炼的效果也就越好。通常，人的体温在起床的时候很低，随着起床后时间的流逝，体温就会升高，因为在体温较高的时候锻炼健走就能够收到不错的效果，而一般下午两点的气温是一天里最高的，体温在中午的时候会上升，因此这个时候能够得到不错的健走效果。

其实，人体的生理机能在一天之内是不断变化的，所以人在一天当中，总有一段时间身体很好，精神饱满，做任何事情都很有精力，也总有一段时间感觉全身疲惫，身体状况很差，做什么事情也提不起精神，因为人体内部的大部分器官的生理活动都是遵循着生物钟的效应，生物钟也有一个运动的趋势。经过大量研究调查，一天里人的生物钟在下午阶段是最高的，体温高，脉搏较为平稳，人体本身就处于一个充满运动的状态，健走的话刚好也是进入一个运动的状态。

众所周知，在北京市的青年湖公园的东北角有一个门球场，每天下午大约 2 点，杨式太极拳的名手李东辉都会带着他的弟子到门球场打太极拳，这其中的大多数弟子都是心血管疾病患者，很多医学研究表明，对于患有心血管等慢性疾病的人来说，下午 2 点的时间最为安全。因为当时人身体的关节和肌肉都处于一个紧张的状态，很能够适应运动的强度，也能够承受健走对心血管疾病造成的负担。

在中午健走对身体有什么好处呢？首先，在中午时段健走，人体内部的甲状腺素和皮质激素都会明显增加，人体新陈代谢的荷尔蒙也会大量分泌，能够促进人体能力的新陈代谢，加速体内的循环。

其次，根据环境卫生监测的专家介绍，每天中午 1 点至 2 点的空气是最干净的，因为这个时候地球地表的温度是最高的，空气是最活跃的，这时候空气中的污染物也是最容易扩散的。

而且中午时段的健走能够促进身体的细胞处于一个兴奋的状态，能够使全身的肌肉都处于一个温和的状态，保持充沛的体力，从而提高下午工作的热情和精力，促进工作效率，为一下午的沉重工作奠定良好的基础。

其实，什么时间健走最好，不是绝对的，要因人而异。年龄不同、作息时间不同，健走的计划也会不一样的。而且健走是要循序渐进的，运动要适量，不可过度，开始的时候不要过于激烈，要逐渐增加自己的运动量，过于激烈，会对身体造成很大的损伤。健走是一项全身性的运动，只有保持一定时间的运动才能够达到健走的效果，因此每次健走的时间最好保持在半个小时及以上，强度不算太大，不会对身体造成损害，但是能够消耗身体的血糖，真正起到锻炼的作用。

最要注意的是，餐后不要立即运动，因为刚刚吃完，肚子的食物都还没有消化，身体里的血液都集中到胃里去消化食物了，没有多余的血液供你去运动，就会造成肠胃的消化不良。

三、傍晚健走

健走的时间，最多的还是围绕到底是在早晨空腹时健走还是在晚餐后健走这两个时间点，那么到底什么时间锻炼最好呢？

对于空气质量的因素，很多研究证明，只有夏天和秋天的空气是相对清洁的，冬天和春天有很大一部分空气都是污染的，而在一天之中，根据植物在夜晚呼气，而在白天的时候进行光合作用，释放出大量的氧气，从而使空气中的氧气含量明显增高，因此得出傍晚的空气最干净的结论，这个时候空气里的纯净氧气含量最高，人的感觉是敏感的，协调能力在这个时候也是最好的，所以一般认为在晚餐后半小时或者一个小时候之后健走最为恰当，因为餐前健走有可能会因为延迟吃饭而导致血糖过低。而餐后立即健走会对肠胃带来很大的刺激，会引发呕吐等情况。食物的消化需要体内大量血液来帮助吸收，健走的时候也需要全身大量的血液来参与，因此会导致消化的血液不足，从而影响消化系统的功能，影响到健走的效果。

在傍晚的时候，一般的上班族都已经下班，因此受到的约束比较小。而且根据上文提到的，许多国外研究人体机能的资料表明，人体的机能在一天二十四小时之内是不断地在变化的，每个时刻都是不同的，研究证明，人体的机能在傍晚 5 ~ 7 点的时间是相对处于一个较好的状态，如果在这段时间内健走，肌肉的速度和力量都处于一个适合运动的状态，同时的耐力也处于一个很好的状态，而且人体内的激素在这个时候也保持着良好的活性，身体对运动的适应能力也是较好的，因此在这段时间内健走，不会出现身体的疲劳，而且不会因为身体的负荷量过大，而发生运动损伤，但是依旧要把握运动的强度，因为过高的强度会使神经长期处于一个兴奋的状态而影响到晚上的睡眠。

而且众多科学家的研究表明，傍晚是一天之中在室外运动的最佳时间。因为，人体内的血小板含量在一天的时间里是有一定的变化规律的，傍晚的时候，体内血小板的含量比一般时候要低 20% 左右，也就是说在傍晚健走，对血液循环和心脏病等慢性疾病发生的概率要小得多；而且，这个时间内，人体内部的皮质激素含量比较低，而唾液流动的速度比较高，唾液流动能够帮助人们抵抗病毒感染。

根据研究表明，人在一天中的吸氧量最大的时候是在下午 6 点左右，而且这个时间点的气温也上升到了 37 摄氏度，而早晨人体的体温一般都是在 35 摄氏度至 36 摄氏度，人体的嗅觉、视觉和触觉在下午 5 点至 7 点的时候最为敏感，而人体器官在下午的时候运作最为正常，比如心脏的搏动和血压也是在下午 5 点至 7 点最为平稳，也就是说在这个时间点里，人的身体与外界环境的适应能力是最强的。如果在这个时候选择健走，能够最大强度地发挥身体的机能，从而更好地达到健走的目的。

我一个朋友今年 30 来岁，她从事的是服装批发工作，工作时间大概是凌晨四点到傍晚四点，她一直觉得一日之计在于晨，所以总是刻意在早晨四点的时候做一些健走运动，但有时候会与工作发生一些冲突，而且健康的状态和效果总是不明显。她为了更好地锻炼身体，特意向我询问是否有更适合健走的时间，又能配合自己的工作。

我跟她说，其实人体的生物钟的工作比我们先前所认为的还要重要，尤其是在运动反应当中。曾经有临床研究对年龄在 30 岁左右的女性进行过研究，针对她们在一天的不同时间里，体内荷尔蒙对身体运动的反应，研究结果表明，30 岁的女性在傍晚的时间段里，人体内的荷尔蒙对身体锻炼最为激烈。

根据她的工作习惯以及身体的状况，我认为，她在傍晚进行半个小时的健走之后的血糖要比在早晨进行半个小时的健走之后的血糖要高得多，这表明她的体质比较适合在傍晚运动。而且，这与她本身的生物钟有很大的关系，因为她工作的原因是必须在早晨 4 点起床，这个时候身体内部的各个器官其实是处于一个不清醒的状态，如果就这样贸然进行运动，对于器官会产生非常不好的影响。

因此，我建议她不要在早晨进行健走，把健走的时间推迟到傍晚，这样既符合她的工作作息，又能够起到很大的锻炼效果。后来，她就根据我所说的，在下班之后，进行半小时以上的健走，身体的状况果然好了起来。她说，她发现在傍晚的时候健走，经过了大半天的活动，身体处于一个略疲惫的状态，这时候对运动的吸收是最好的，头脑的吸氧量是最大的，因而运动效果也就更明显。

四、健走时间的注意点

在某种程度上来说，对于世界上绝大多数正常体质的人来说，只要避开一些消化的时间点，比如饭前半小时不能健走，因为会引起身体兴奋而不能好好进食；饭后一个小时也不要健走，会影响食物的消化；睡前一个小时内也不要锻炼，会影响睡眠质量，其余任何时候都是可以进行锻炼的。

而且，健走的时间对不对，是根据自己的体质来决定的。假设你是一个习惯早晨健走的人，那么在你健走半个小时之后，你身体的反应就会告诉你是不是适合早晨健走。健走一段时间之后，你观察自己是不是精神饱满，食欲不错，一天的工作效率是不是有所提高，晚上的睡眠质量是不是很好，如果想要精确的数据，那么就在每天起床的时候测量一下自己的心率或者脉搏，如果每分钟的频率跟以前差不多或者比以前更缓和，那么就是说早餐健走这个时间十分适合你。相反，如果你在健走一段时间之后，身体反应很不好，比如在工作期间犯困，或者晚上的睡眠质量不是很好，这表示早晨健走的时间不是很适合你的生活作息。

夏天的时候，早上是一天中最凉爽的时间，因此早晨的时间可以加强，也可以稍微长一点，而傍晚的健走时间则可以相对缩短一些；冬天则相反，早晨可以缩短一些运动的时间，而傍晚可以增强一点时间。

不要为了专门抽出时间健走而牺牲自己的睡眠时间，对于一个正常人来说，每天需要保持 7 ～ 8 小时以上的正常睡眠时间，过早地起床或者过晚地睡觉都会对身体造成一定的伤害，因此必须要保持充足的睡眠才能够为健走赢得良好的效果。

不要因为是为了配合身体的生物钟而将就自己的工作或者生活。什么时候适合你的锻炼，你必须要想着自己的作息时间，是上午比较忙还是下午比较忙，是早上的时间适合你还是晚上的时间适合你？什么时候你对运动效果的吸收最好，什么时间段会使你有更加充足的能量去面对一天的生活？

关于健走的时间的选择，一般没有刻意固定的规则，因为健走是一项私人化和个性化的运动，每个人的最佳健走状态也都是不尽相同的，每个人都是不同的，所以最佳的健走时间的选择必须区别对待。

当今体育界的最新理论表明，人体的运动和锻炼应该遵循“个性化”的原则，也就是根据个人本身的性别、健康状况、职业以及其他环境或者经济状况条件等因素，而要选择适合自己健走的时间，要健走多久的时间等，如果人在健走的过程中不注意自己身体的“个性化”，那么除了会导致健走的效率不高之外，同时还会引起一些身体的伤害。

健走时候要注意的地域

健走虽然可以随时随地的进行，但也需要注意健走运动也有适合和不适合的地方。地域的适合能够对人的身体有良好的影响，对于人体器官的维护和保护都有很好的作用。因此，我们要格外注意适合健走的地域。首先，我们先来介绍几个不适合健走的地域。

一、施工的空地不适合健走

施工的地方很空旷，有很大的适合健走的区域，而且这个地方没有多余的人群和车辆，总体看似乎很适合健走运动。但是，大的施工地方有两个近乎致命的害处，第一个是安全问题，施工处也很明显地贴着“注意高空坠物”“请佩戴安全帽”等显目的安全标志，就是为了让人们有一个安全意识。在施工的空地上健走，容易造成高空施工废弃物下抛对身体产生损害，因此为了自己的身体安全，还是不要在施工的空地健走比较好。

第二个是污染问题，比如空气污染，施工处常常会造成空气中含有大量的灰尘和众多微小颗粒，而这些有害的物质对人体会造成很大的影响，首先是呼吸道的影响，有害物质一旦进入呼吸道，会对人体的呼吸系统造成不利影响，使人体内的呼吸系统的工作有一定的困扰，从而影响体内各个器官的运转，在施工空地上健走的同时，呼吸系统就会进行缓和呼吸的工作，从而会大量吸入空气中的有害物质；之二就是噪音污染，施工现场有很多大型机器，大型机器会造成很大的噪音，而噪音过大会对人的生理和心理都有很大的危害。大量的研究表明，噪音会直接损害听力，如果待在 80 分贝以上的噪音环境中超过半个小时，那么听力受损的概率就会高出大约 50%，耳聋的可能性也会高出 50% 左右。并且，听力与视力在一定程度上会有很大的联系，当噪音的效果从听力作用到视力的时候，自然也会把伤害从听觉器官转移到视觉器官，从而损害视力，更为严重的是，噪音会对人的心血管系统造成很大的伤害，据统计表明，超出人体最高接受分贝的能力，每上升一分贝，高血压的发病率就会增加 3% 左右。

在生理上，噪音污染对人的健康也会造成很大影响，科学研究发现，噪音会在很大程度上影响人的神经系统，刺激脑部神经，使人产生急躁、易怒的情绪，并产生长期的抑郁，引起脑部神经的衰弱，比如记忆力衰退等；甚至会影响睡眠的质量，造成人体的疲惫，影响一天的工作效率。

二、马路上不适合健走

马路的空间是很宽敞，看上去似乎很适合健走这项锻炼，但实际上马路并不适合健走，也是从两个部分来分析。第一，也是安全问题，大城市的马路有很多车辆，在早晚高峰的时候尤其多，而人一般都是在早晚进行锻炼，因此早晚在马路上健走非常不安全，对于人身安全有很大的影响。第二，也是污染问题。首先是空气污染，汽车排放出来的大量尾气一旦被吸入人体内，就会对体内的呼吸系统产生很大的影响，甚至对人体内的各个器官也产生影响。其次是噪音污染，噪音会对人体造成很大的危害，最常见的是耳鸣、听力下降、头昏、头痛等症状，长期处于噪音的环境里，会使人大脑的记忆力受损，再者引起夜间睡眠质量不好，导致第二天的注意力不集中，工作效率降低，由于噪音污染造成的是感音神经性损伤和毛细胞损伤，所以很难对其进行修复。

因此，在马路区域的健走是很不适合的。

三、公园以及小区内适合健走

大多数的公园和小区都会建设在绿化环境较好的区域，也都会依山傍水地建立，这些地方的空气质量都比较好，因为山上都是树，树叶在白天会进行光合作用，释放大量的氧气，从而能够起到防治空气污染、消除疲劳、调节神经等作用，因此树木和河边都会含有负氧离子，而且通过与大自然的接触，还能够改善肝脏、脾脏的作用，以及对全身的健康都有一定的帮助。

而且公园的地面是较为平坦的，对人脚部的冲击力不大，不像石子路一样会对脚底造成一定的损伤，在较为平整的地面上健走，对脚底所承受的冲击力是能够得到恰当的运动效果的。

四、操场适合健走

很多地方已经有公众免费的操场供市民进行一些基础的运动锻炼，而且操场大多是由塑胶铺成的，塑胶的成分就是外国进口的由高分子合成树脂，也就是一种聚合物，它在健走运动中有很大的好处。

首先，塑胶操场的整体性能比传统操场的整体性能要好。塑胶操场有很强的耐磨性，能满足长时间而且高频率的使用需求，也有较好的耐压缩性，不会因为承受过多的压力而无法恢复弹性，有很强的忍耐冲击的能力，能够接收强劲的冲击力。

其次，塑胶操场能够全天候使用，任何季节，任何天气里的任何温差都能够使用，塑胶操场都会保持着最初的品质，不会发生变形或者起泡的现象。下雨之后，塑胶操场不需要一定的恢复时间，可以直接投入使用，不会耽误时间。

再者，塑胶操场有益于身体健康和绿色环保。因为塑胶是外国进口的由高分子合成树脂，是一种以聚合物为主要成分，有很好的弹性以及防滑性，能够减少人们的运动伤害，有效地保护好健走者的腿部关节，减少体力和精力的消耗，有效地防止意外受伤，也能够适当地吸收脚步产生的冲击力。

然后，塑胶操场所使用的材料都是绿色环保的，无毒、无害，有益于人体健康，有益于保护环境和人类资源；而且，塑胶操场的表面厚薄都是均匀的，表面的颜色是一种柔和的红色，能够有效地防止反射刺眼的光线，而且也不会因为紫外线的照射或者天气等的污染而导致颜色退化。

由此可以看出，塑胶操场能够成为人们进行健走的最好的区域载体。

在“全民健身”的口号提出后，健走慢慢成为一种全民性的运动，而适合的健走区域将会为健走的良好效果做一个很好的铺垫。

健走时候要注意的步伐节奏

步伐节奏是一种运动训练的专业术语，它是一种构成身体运动的重要因素，是指运动动作的快慢，用力的大小，肌肉的收缩、舒张与时间间隔的长短合理交替的一种综合特征。具体地说，就是健走的时候每一步都有它特定的节奏，比如步伐大小、频率等，健走的整个过程中，脚步的动作要按照特定的顺序和时间间隔按比例交替进行。

合理的步伐节奏对于健走运动十分有帮助。按照一定的步伐节奏进行健走，能够使人体内参与健走的各个器官的作用协调一致，能使身体的各个器官和组织在紧张与放松间、运动和休息之间得到很好的交替，使健走的整体动作更加协调，更加省力，而且规律的步伐节奏能够使健走者更好地掌握健走的要领，提高健走的运动质量，获得良好的健走成效。

下面我们从四个方面来解释一下健走的步伐节奏。

第一点，健走的姿态。在健走时，要求整体上的姿态是笔直的，眼睛平视前方，肩部的肌肉呈放松的状态，自然下垂，两只手自然地前后摆动，幅度保持在 120 度至 150 度之间，要保持肩膀的挺直，这样才能够防止造成驼背的现象。

第二点，健走的频率。在频率上，健走的人一般应该达到每小时 5 千米及以上的健走平均速度，根据年龄的不同，频率也相应地不同。处于 20 ~ 50 岁的人，身体处于一个较为健康的水平，所以健走过程中的心率可以比平时增加 80% 左右，但时间不要保持过长，大约持续 5 分钟就慢慢减慢恢复正常的频率，之后再加快频率来回交替。

健走的频率主要分为快步走和慢步走两种频率，快步走的频率大约保持在每分钟走 150 步左右，而慢步走大概是快步走的一半，也就是每分钟 60 ~ 80 步。不过，不管是快步走还是慢步走，步伐一定要轻快，不要拖拖拉拉的，而且膝关节和脚踝一定要处于一个放松的状态。

第三点，健走时脚的着力点。健走时，脚跟要先着地，然后前脚掌着地，然后用脚尖发力用力地蹬开地面，这样能够增加健走的能量消耗，同时保护脚踝和膝关节，防止频率过快而摔倒，并且，脚跟着地，脚尖发力离开地面能够促进小脑的平衡，促进脑部神经的活跃。

第四点，健走时呼吸的方法。健走时如果要配合恰当的呼吸方法，能达到恰到好处的健走效果，有事半功倍的成效。一般采取的是嘴巴和鼻子同时呼吸，但是以嘴巴呼吸为主要方式，呼吸也要保持健走，以更好地配合健走，一般都是每两步呼一次气，每两步吸一次气。

综上所述，健走运动对健身作用是非常大的，但对心脏有疾患者来说，要在医生的嘱咐下量力而行。首先是慢慢适应这种运动方式，然后再逐步提高走步的强度和量。上述几种步行方式混合使用，能给你带来更多健康收益。

任何一种运动，都要注意循序渐进，不能急于求成，一开始的时候不能够太过于活跃和激烈，最初的时候一定要慢节奏，然后慢慢加快速度，增大健走的量，根据自己脚步的节奏，慢慢调整频率和步伐。

第七章

虽然是走路，安全问题不容忽视

即便是一项最简单的运动，也需要注意一些安全问题，预防健走带来不必要的伤害。比如，在健走前要进行一次全方位的体检，也要做足充分的热身运动等等。安全无小事，切记！切记！

健走前要体检

体检是体格检查的简称，是指通过医学的手段和方法对自己的身体进行一次全方位的检查，健康体检是一项主动的行为，是在自己的身体健康的时候，主动到医院或专门的体检中心对整个身体进行全方位的检查，主要目的是为了通过检查自己的身体是否存在潜在的疾病或者显性的疾病，以便及时采取有效的预防和治疗措施。

定期的健康体检是一种新的自我保健方式，对于保持健康身体有很大的意义。首先，检测出自己的健康状况。根据世界卫生组织的数据统计，全世界的人口里只有 15% 完全处于健康的状态，高于 75% 的人处于一种亚健康的状态，体检也主要是针对这一庞大的人群，因为现代大部分的疾病都有一个年轻化的趋势，体检能够检测出是否患有高血压、脑血管疾病的迹象，这样就可以根据自己的健康状态制订健走计划，从而得到更好的健走成效。

其次，可以制订最适合自己的专属体检方案，因为每个人的基因不同，而且每个人的家族病史也不同，因此存在每个人体内的隐性因素是不一样的，哪怕是相同的疾病在不同人的体内的特征是不一样的，因此体检的方法和结果也是不一样的，只有通过个性化的体检，才能清楚地得知身体的状况，才能够制订出完全适合健走的计划。

再者，为身体的健康全面把关。体检是对全身器官和组织的一个诊断筛选的过程，常见病能够通过疾病及时发现并采取及时的治疗和预防的措施，而一些复杂的病症，也可以及时地征求医生的意见，提出一些预防的意见，防止在健走中突然出现激发状况，得不到及时的医治，只有这样，在实行健走计划时，才能够做到身体安全的万无一失，不会因为突发状况而导致健走成效减半，或者造成不必要的损害。

体检最大的好处在于我们能够预防未出现的伤害。现在的大部分疾病都是在体检的过程中才发现，因为人体的感觉会因为自身的敏感程度降低而暂时无法察觉出身体的异样，只有体检才能真正地告诉我们身体在哪里出了问题。试想，在体检的时候查出自己存在哪些慢性疾病，比如有糖尿病的征兆，那么在健走的过程中就会特别注意随身携带一块糖，以便随时补充身体的糖分，从而保持身体的能量和精力。

因此，在实行健走计划之前，我们应该做一个全身性的身体检查，然后根据检查的各项指标来制订一个适合自己身体特征的健走计划。青少年每年需要检查 1 次，检查的重点应是心、肺、肝、脏等身体内部重要的器官，体质较差的，如果有原发性高血压、糖尿病、精神病等慢性疾病的，则需要遵循医生的吩咐，了解在健走的时候需要特别注意什么，而中老年的体检次数则需要多一些，大约半年 1 次，如果有慢性疾病的患者，最好一年体检 3 ~ 4 次，检查项目由自己的身体状况决定，重点检查高血压等慢性疾病，最好是由固定的医生或者生理学家检查，这样就能够全面而系统地掌握自己的身体健康状况，而有一个统一的健走计划，根据病情的不同而及时调整。

健走的最终目的也是为了保持身体的健康，因此在健走之前做一次全面的身体检查也是为了更好地保持健康的身体，而根据体质的不同制订完全适合自己的健走计划，从而使健走能够更好地为身体的健康服务。

健走前需热身

在我们观看体育比赛时，不管是田赛还是径赛运动员都会在比赛之前做一段时间的热身运动。热身运动，是指与进行的体育锻炼相适应的一些运动联系，比如跑步之前做一些变速跑和冲刺的练习，在健走之前也做一些变速走的练习。

在健走前，做一些热身运动，对健走者有重要的好处。在正常的情况下，人体内的血液在体内是均匀分布的，但是在运动的时候，心脏、肺部和肌肉的承载力突然加大，这样就需要有更多的血液流向心脏、肺部和肌肉，满足心脏、肺部和肌肉所需要的氧气含量。运动时，人体心脏、肺部和肌肉所需要的供血量是平时的 30 倍左右，所以热身运动的主要作用就是使体内的血液重新分配，让更多的血液流向心脏、肺部和肌肉，满足体内所需要的血液。

而且，热身运动能够有效地防止受伤，对于平时没有运动习惯的人来说，如果突然直接进行健走，身体的状况是很难适应的，自然就很容易导致肌肉受伤、膝关节扭转，甚至产生运动中腰腹部疼痛的问题，对人体的伤害很大。

那么，健走之前的健走热身应该持续多长时间，又应该怎么进行热身活动呢？热身运动的时间不是一成不变的，一般情况下占据全部运动时间的 10%，也就是说如果要健走半个小时，那么热身活动需要 3 分钟左右，但这个时间也受很多因素的影响，夏天的时候天气比较燥热，身体很容易进入兴奋的状态，那么热身运动的时间就可以相应缩短；相反，冬天的天气比较寒冷，身体进入兴奋状态的时间比较慢，那么热身运动的时间就可以相应地增加，充分保证身体的各个器官的机能都很好地调动起来，肌肉已经处于一个伸展的状态，这样就能够预防运动损伤，身体只要有微微的出汗，感觉有一点点累就差不多能够起到热身的效果了。

具体怎么热身，不是简单地跑跑跳跳就可以了，而是有一定的规律性。一般而言，热身的运动会根据运动项目的不同而有所不同，包括一般性的热身活动和专门性的热身活动。健走前的热身运动也包括两部分，一般性的热身活动是指全身的各个器官和组织的肌肉、关节都得到充分的活动，目的在于舒展全身的肌肉，活动全身的各个关节和韧带，提高大脑皮层的兴奋感，使体温和肌肉的温度逐步上升，以防止剧烈运动时造成肌肉和韧带的损伤，比如在健走前做一些深蹲、绕环关节等基本运动，提高新陈代谢的能力。

专门性的热身活动，是指专门为了适应健走这项运动的热身活动，比如每天都坚持健走运动的人，慢步走就是最基本的热身运动，因而在开始健走的时候可以稍微慢一点，然后逐步提高健走的速度，这样身体就会有一个很好地适应过程。

在健走前做一些热身运动，能够使处于静止的身体感到略微的兴奋感，做好运动的准备，也能够加速心脏的循环，为肌肉的运动做好准备，增强肌肉的弹性，减少运动伤害，同时活动膝关节的肌肉，减少运动时对关节的损害，适当地调整呼吸，适应身体在健走时对氧气的需求。

热身运动能够使健走这项运动受到较少的伤害，但热身运动本身也要注意一些问题，首先是拉伸的问题，拉伸的热身运动一般分为静态拉伸和动态拉伸两种，以动态拉伸为主要方式。静态拉伸是一种较为安全的拉伸肌肉的活动方式，主要是针对在健走中要使用到的肌肉进行拉伸，能够有效地提高肌肉的灵活性，降低损伤。它的基本原理就是把肌肉放置在一个紧张的状态下，持续一段强度的时间，但过度的静态拉伸会直接影响肌肉的速度，会影响肌肉的爆发力。

其次，热身活动和正式健走之间间隔的时间不要过长，如果在热身活动之后进行了 4 ～ 5 分钟的休息，那么先前热身活动所拥有的效果就会白费，在健走之前就需要重新热身一次。

再次，热身活动的充足与否可以根据两个指标来见证，第一个是指自我感觉，身体如果在热身活动之后有略微发热，身体有一定的疲惫感，表示热身活动已经充足，这个根据每个人的感觉而有不同；第二个是以心率为标注，就是热身运动结束的心跳次数，如果能够达到最大运动心率的 60% ～ 80%，则表示热身活动是充分的。

我们在上文中介绍过最大运动心率的换算法，在这里再重复一次。最大运动心率换算法是：最大心率 =220－ 年龄，而最佳的运动心率换算法是：最大心率 ×60%－ 最大心率 ×80%。假设一个 30 岁的男性，他运动的最大心率为每分钟 220－30=190 次，而最佳的运动心率应该在每分钟（190×60%=）114 次至（190×80%=）152 次之间比较适合。

热身活动的过程可以分解为几个基本的步骤，先活动膝关节，腿部呈现一个半蹲的状态，双手扶着膝盖，顺时针扭动膝盖 1 次，再逆时针扭动 1 次，来回循环，共做 20 次；紧接着做压腿运动，使双肩呈现一个放松的状态，左脚先迈向前方，屈膝 90 度，另一只腿完全打开，同时上身要保持直立状态，做 3 分钟左右，换右腿屈膝 90 度，再做 3 分钟；然后活动手脚，身体呈站立的状态，两手交叉活动绕圈，同时一只脚保持直立状态，另一只脚脚尖着地，顺时针转动 2 分钟，再逆时针转 2 分钟。

最后，最重要的一点是对身体最好的热身准备是心理准备，要给自己一个强大的心理暗示，你现在要开始健走，你的身体要做好充足的身体准备，这样摆正了心态，健走时会相应地减少运动伤害，同时也会收到不错的健走成效。

健走前必消食

为什么我们提倡健走之前要消食？特别是国外的一些权威机构为什么也提倡吃完饭后过半个小时再进行走路健身呢？下面我们就一起来看看这其中到底有什么秘密。

一、避免消化不良

我们大家都知道，当人吃完饭后，肠胃中充满了食物，此时需要进行消化和吸收，那么这个时候肠胃的状态肯定是不停地蠕动，从而造成了肠液、胃液的大量分泌，肠胃的这些活动又促使了更多的血液流入消化系统。此时，流入大脑、肌肉和关节等器官的血液自然减少。如果我们在饭后马上进行快健走等健身运动，自然就打破了消化规律。而且肌肉、关节、大脑等此时正需要较多的血液，必然就要从消化器官去争取一部分血液，从而就会造成肠胃等消化器官当中的血液减少，使得肠胃活动和分泌消化液的功能受到限制。如果长时间下去，不仅会影响食物的消化吸收，甚至还会引起肠胃疾病，影响我们的身体健康。

我有一位好朋友她就是长年的消化不好，面色暗淡，食欲不佳，身材更是弱不禁风。她也吃过很多的药，可是情况并没有什么改善。

有一次，这位朋友去看了中医，老中医给她把脉之后，又非常详细地了解了她的生活、饮食、运动等情况，终于找到了问题的根源。原来，她每天早晨总是习惯卡着时间到公司，于是在家里吃完早饭后就立即出门赶往公司。她家到公司大约有 3 公里的距离，可是为了赶时间，她的步速很快，结果长期以来导致了肠胃供血不足，消化系统功能减弱。

最后，老中医建议她每天早晨早起半个小时，吃完早饭休息半个小时再出门，在去公司的路上步伐刚开始的时候一定要小，速度一开始也要缓慢，最好能够控制在每分钟 80 步左右。

就这样，这位朋友按照老中医说的，每天早起半小时，吃完早饭休息半小时再出门，结果不到三个月的时间，她消化不良的问题就解决了。

二、避免胃下垂

我国著名的医学家李时珍说："食后胃宜静，不宜荡，不宜抖。"这是因为在饭后，我们的胃被撑得鼓鼓的，而且开始往下坠，一旦进行快速走路，肠胃就会随之震动，肠胃系膜会被拉得非常紧，甚至会发生扭转，造成腹痛，严重的时候会发生胃下垂。

就在不久之前，我朋友的孩子就得了胃下垂，朋友没有想到孩子这么年轻居然得了这种病，非常痛苦。朋友非常不解地问我，为什么她的孩子会得胃下垂。我在询问了她孩子的生活规律后告诉她。这肯定和他一边吃东西一边快走上班有关系。

三、防止大脑神经和脑细胞过劳

健走是全身运动，需要脑神经有效、合理地支配各个器官协调工作。饭后半个小时，我们吃的食物在胃里面基本已经被消化了一半，肠胃需要的血液相对减少，这个时候进行健走运动，心脏就可以给大脑提供充足的新鲜血液，而脑细胞和神经系统就不会感到疲惫了。

总而言之，健走要有速度、有强度、有时间、有距离，它和散步是不同的。

散步的关键是在一个“散”字上，速度慢、无拘无束、自由自在，恬静轻盈，无忧无虑，逍遥自在，在古代甚至被人们称为逍遥散步。

其实，散步最适合的是老年人健身，唐代名医孙思邈活到百岁，而他的长寿秘诀就是长期坚持饭后逍遥散步。孙思邈认为：轻缓的散步，有助于消化饮食，养心宁神，活动筋骨，疏通血脉。

因此，为了我们的身体，在健走之前一定要先消食，最好是吃饭后半小时再进行健走，此时的食物消化过半，膀胱内储存的尿液也已经完全排出体外了，我们不仅能够轻松进行健走运动，而且还不会伤害身体。

健走后自然放松

放松活动，一般是指在一定量的健走锻炼后，对身体的各个器官和组织进行一些放松目的的练习运动或者按摩恢复的运动，是促进体力恢复的一种有效的手段。最主要的是为了消除健走对身体产生的疲劳，恢复消耗的体能，增强身体的柔韧性，提高健走的锻炼成效，为以后的健走运动铺垫好的身体状况。健走后的放松运动，一般是针对人体肌肉的拉伸性的放松运动。做好充分的放松活动，能够取得良好的训练效果以及预防运动产生的损伤，放松活动要根据健走的运动量和强度选择合理的放松活动。

在健走后进行放松运动，要做一些慢节奏的简单运动，要让身体处于一个“冷身”的状态，使体内在健走的时候而加快循环的血液自动适应了身体放松的变化，避免人体的血压迅速下降，导致心脏供血不足，引起暂时性的昏迷甚至导致休克死亡。

不管是什么类型的肌肉，在健走后都要进行放松，因为在健走的时候，身体的肌肉都会处于一个紧绷的状态，如果在健走后，全身的肌肉得不到及时的放松，等时间一久，全身的肌肉类型就会得到相应的改变，肌肉可能会变得很僵硬，缺少弹性，导致在以后的健走过程中很容易产生疲劳。

健走过后的放松活动，和运动之前的热身活动一样不可忽视，只有像做好热身活动一样做好放松活动，才能够达到健走的效果。现实生活中，有很多健走的人在健走运动结束后就直接离开了，这样的运动是不完整的，健走后马上恢复静止运动，会让在健走的时候强烈运动的神经和肌肉得不到有效的缓冲，这时候体内的血压和激素都没有降到正常走路的水平，容易产生心脑血管的疾病，健走后的放松活动能够让身体的各个部位逐渐适应，这样才能保持身体的健康。

健走后的放松活动，能够使全身在运动的过程中处于紧张状态的肌肉得到放松。在运动过程中，肌肉内的毛细血管大量张开，让血液充分帮助肌肉进行运动，肌肉是处于一个紧张的状态。如果在高强度的健走之后立马静止不动，那么积累在肌肉里的血液就不能及时流到心脏和身体的各个器官和组织，就会造成肌肉僵硬，无法消除身体的疲劳。因此，在健走后做一些放松运动，使高强度的运动慢慢地缓和，使全身的肌肉得到了充分的放松和休息。

健走后的放松活动可以促进身体里的氧气迅速回升，使身体的氧气处于一个有氧富裕的状态。健走的时候，身体需要有大量的氧气供新陈代谢使用，身体在健走的过程中会产生大量的二氧化碳随着呼吸排出体外，如果是高强度的运动，人体内的呼吸系统会暂时无法给予充分的氧气，这样人的身体就会处于一个“负氧气”的状态，而体内的二氧化碳不能及时排出体外而堆积在体内。而放松运动之后做一些放松活动的方式，能够保持体内氧气和二氧化碳的平衡，能够有效消除健走造成的身体疲劳。

健走后放松活动能够促进体内的血液循环，使身体和心脏慢慢恢复到安静的状态。如果运动后马上停止活动，使身体处于一个静止的状态，人体的肌肉就没有办法通过伸缩而把运动时要用的血液送回到心脏，这样就容易造成全身的肌肉尤其是小腿的瘀血情况，同时人的脑部和身体内部的器官，如心脏、肝脏等因为回血量不足而无法获得心脏送来的血液，此时就容易出现头昏、全身无力，甚至昏厥的病症，所以放松活动是保证体内器官平衡运动的主要措施。

总的来说，放松活动对于人来说是十分有必要的，在健走之后，需要逐渐恢复到相对静止的状态，缓解健走时造成的身体和心理的紧张感，而且放松运动能够培养人良好的心境，恢复心脏因为运动而造成的紧张感。

健走后放松活动的意义就是让身体的肌肉和精神都恢复到一个相对于松弛的状态。那么在健走后，我们要进行什么样的放松活动方式呢？下面我们就专门来介绍一些放松活动，供大家在健走后使用。

放松活动的方式大致分为三个步骤。首先，你要在健走运动结束后进行一些拉伸运动，缓冲自己的韧带。第 1 步，两只手的手掌呈交叉相握的方式，笔直向头顶上方伸展直到肩部感到有紧绷感，保持 10 秒钟不动；第 2 步，一只手抓住另一只手的手肘，向着头部的方向慢慢地往里拉，抓住 20 秒钟不动，然后换一只手，重复一遍；第 3 步，两只手绕到背后互相抓住，然后两只手臂慢慢抬高，直到肩膀感到有略微的紧张感，保持这样姿势 15 秒钟；第 4 步，两只脚打开与肩膀同宽，膝盖成微微弯曲的形状，一只手向上伸直绕过头向外伸展，另一只手放在肚子前，腰部慢慢向外伸展，直到腰部有略微的紧张感，维持 10 秒钟，然后换一边，重复动作；第 5 步，两只手笔直打开，手掌朝外，然后再慢慢地往后拉直到感到肩膀有一种紧绷的感觉，保持 10 秒钟；第 6 步，金鸡独立，保持一只脚站立，手抓住一只脚的脚踝，然后慢慢地往后拉到屁股的位置，注意身体的直立，不要呈现倾斜的状态，保持 20 秒钟，然后换一边，重复同样的动作；第 7 步，身体保持站立的姿势，一只脚往前伸出，膝盖呈现弯曲的状态，另一只脚往后拉直，脚尖向前，脚后跟往地板的方向伸直，保持肌肉的紧绷状态，保持 20 秒钟，然后换一只脚，保持同样的动作。以上的 7 步动作都是在健走结束之后立马进行的放松运动。

回到家后，再做一些放松运动。第 1 步，坐在地板上，平放左腿，右腿跨在左腿上呈现弯曲状，将右手放到左边屁股旁边，而左手慢慢地把弯曲的右膝盖往里推，直到腿部肌肉感到一种紧张感，保持这个动作 20 秒钟，然后左右腿交换动作，同样保持 20 秒钟；第 2 步，放松的方式，左脚弯曲，膝盖紧贴着胸部，另一只脚伸直，身体微微往前倾倒，两只手向前伸展，保持 15 秒钟；第 3 步，保持坐姿端正，两个脚底靠拢，腿部自然放松朝向地面，两只手握住脚踝，手肘则放在大腿上，慢慢把大腿往下推，直到大腿的肌肉有一种紧张感，保持10秒钟；第4步，躺下，左腿保持弯曲的状态，右腿向上伸直，两只手握住右腿的膝盖，慢慢地把腿拉向胸部，保持10秒钟，然后左腿向上伸直，重复相同的动作；第5步，躺着，两只手围住膝盖下面，背部平贴着地面，慢慢把大腿往胸部的方向拉，直到腰部感到一定的紧张感，保持动作10秒钟。

拉伸运动过程中的任何步骤都要配合呼吸的作用。

其次，冲一个舒服的热水澡，热水要多冲在运动过程中运动较多的肌肉，也就是肌肉感到酸痛和僵硬的部位。

再者，按摩身体，也就是真正意义上的放松活动。自己可以学一点按摩的技巧，对着在健走过程中发挥较大作用的酸痛肌肉进行按摩，同时也需要对身体的各个部位都进行按摩，时间最好大于30分钟，按摩的意义在于让身体的肌肉和精神从一个紧张的状态转化到一个松弛休息的状态，让身体感觉有点软，这样能够使第二天有充足的精神，能够恢复较好的体力，提高学习和工作的效率。

同事的老公李先生，平时热爱运动，常常去健身房，最近从网络上得知了健走这项运动，所以在每天傍晚的时候去公园健走1个小时，这比他平时的运动量要大得多。大约一个星期以后，同事跟我反映她老公在进行了一个星期的健走后，突然发现他的右小腿逐渐肿起来，走路的时候都会痛，去医院做了一下检查之后发现身体里股动脉到小腿经脉有一根长达40厘米的血栓，如果不及时取出，血栓就很容易通过静脉回流到肺部，引起肺动脉栓塞，更严重的是会危及李先生的生命。我仔细询问了李先生的身体状况，问了他最近的运动状况，李先生说他最近在进行健走，我再仔细询问李先生在健走之后有没有做一些放松运动，李先生说他健走完之后就立马回家躺在沙发上休息，我说原因就在于此，由于李先生在剧烈的运动之后没有做一些放松运动，肌肉里的新陈代谢的产物得不到及时的消除，从而引发了身体的炎症并形成了血栓。

后来，李先生每天在健走后做大约5分钟的放松运动，放松运动使他以前在健走后的疲惫感慢慢消失，而且小腿的肿痛也慢慢消失了，身体里股动脉到小腿经脉里的一根长达40厘米的血栓也慢慢缩短，李先生体内的血栓就会痊愈了。

第八章

户外健走，很多疾病要预防

天气的突然骤变会引起人体的不适，从而使人体产生不少疾病。比如感冒、脚扭伤等情况。因为疾病是不可能完全消失的，但是是可以预防的，所以我们在户外健走的时候，要掌握多种疾病的预防知识，预防多种疾病的发生。

户外健走时如何预防感冒

感冒是一种最常见的呼吸道感染性疾病，大多呈现自限性，发生率比起其他疾病高，医学上又称“上呼吸道感染”，是包括鼻腔、咽喉部急性炎症的总称。感冒其实是一组疾病，包括咽炎、喉炎等病症。

感冒的起因大多是由病毒引起的，病情突发的时间较快，但是有 1 ~ 3 天的潜伏期，根据病毒的不同而造成病情也不同，具体地说，就是各种导致全身或者呼吸道局部的防御功能降低，比如天气突变、身体受凉、突然淋雨，或者身体的过度疲劳等因素都会突然使原本存在于上呼吸道的病菌或者从外界侵入的病毒或者细菌迅速繁殖，迅速侵入体内，诱发感冒的发生。

最容易得感冒的是一群身体状况不大健康的儿童和中老年人，每年的发病率很高，一年可能会感冒 6 ~ 8 次，而健康的成年人一年感冒 2 ~ 4 次；还有一些身体的免疫功能低下的或者呼吸道有慢性疾病的人最容易得感冒。

感冒的主要症状表现在鼻部，比如打喷嚏、鼻塞，并且流清水鼻涕，也会表现在咽喉部，比如咳嗽、咽喉干、咽喉痒或者有一种灼热感，2 ~ 3 天，鼻涕会变稠状，同时伴有咽喉疼痛、呼吸不畅、声音嘶哑和味觉不灵等症状，全身会发热无力，重病者还会有头痛的不适感，大约一个星期就可以痊愈。

感冒全年都会发病，春季和冬季比较多，是一个十分考验人体质的季节。冬春季是一个很容易让人生病的季节，尤其是感冒，简直就像是家常便饭。因为冬季和春季的时候昼夜温差比较大，而人体一旦无法适应温差的变化，就容易患感冒。当我们在冬春季进行健走运动时，因为室内户外的温差较大，如果在户外没有做好保暖的准备，就容易得感冒。

在户外健走时，我们应该如何预防感冒是一件十分重要的事情，因为健走是为了锻炼身体，而感冒对身体的抵抗力有所损害，这样是不值得的。因此，我们必须掌握一些预防感冒的技巧，最根本的预防感冒的方法就是增强自我保护意识，特别是那些容易患感冒的弱势群体，更应该注意感冒的预防。下面，我们来提供一些预防感冒的方法，希望能为健走者在健走的过程中能很好地预防感冒。

预防感冒要从一点一滴的细节做起，脑子里要有意识地有预防感冒的意识，而且预防感冒也不是一朝一夕的事情，要时时刻刻都有意识预防，而且感冒的预防可以穿插在衣食住行各个方面。

1. 保暖是预防感冒最基本的方法

去户外健走的时候，我们要提前了解户外天气，并且针对天气的变化及时而适当地添加或减少衣服，做好防寒保暖是预防感冒最基本的方法，并且在冬春季，要注意协调室内和户外的温差。在健走的时候，不要穿过多的衣服，也不要过多的穿很厚的棉衣，这样就可以提高身体的耐寒抗冻的能力；在户外健走出了大量的汗之后，不要着急在户外脱衣服，就能够有效地避免伤风感冒，特别是在温差较大的季节，早晚要多穿衣服以防感冒。

2. 吃也能够有效预防感冒

吃是每个人生活中最基本的活动，而预防感冒也可以通过这个最基本的方法，也就是所谓的饮食均衡法，只要在平时多注意日常的饮食习惯，就能够有效地预防感冒。下面，我们简单地介绍几种关于吃的方法，希望大家在健走前后多食用类似的食品，这样就能够有效地预防感冒。

（1）鸡汤滋补法。实验证明，多喝鸡汤对于保护呼吸道畅通，清除呼吸道的病毒，加速感冒的痊愈有很大的作用。鸡汤中含有丰富的蛋白质、维生素和少量的矿物质，还有人体所必需的多种氨基酸，能够增强人体抵抗感冒病毒的能力，能够有效地抑制咽喉和呼吸道的炎症，也能够有效地治疗由感冒引起的鼻塞、流鼻涕、咳嗽和咽喉痛等症状，而对于那些因为感冒而导致味觉缺失的人，清淡的鸡汤能够更好地对抗感冒，而且鸡汤中还含有某种特殊的化学物质，能够增强体内的血液循环和鼻腔液分泌的作用。

（2）萝卜食疗法。多吃萝卜对于预防感冒有独特作用，因为萝卜中含有丰富的萝卜素。一般的做法就是把萝卜切碎，榨出半杯的萝卜汁，同时把少量生姜榨出姜汁，把萝卜汁和姜汁混合在一起，加一点蜂蜜，搅拌均匀后服用，连服两天，每天三次，就能够起到清热、解毒、祛寒和治疗感冒的作用。蜂蜜对预防感冒也有很好的作用，因为蜂蜜中含有多种丰富的生物活性的物质，能够提高人体的免疫功能，刻意有效地治疗和预防感冒及其他病毒性疾病。

（3）生姜疗法。感冒一般都是因为外部感染风寒而导致的，伴有头痛、鼻塞、流鼻涕以及全身性的关节酸痛等病状，甚至还伴有发热、怕冷的症状，遇到这种情况，可以用生姜煮汤，每天喝 1 ~ 2 次，不仅可以暖和身体，还能够有效地预防感冒。国外的医学研究表明，生姜有利于驱赶感冒病毒，止咳化痰，能够促使感冒早一点痊愈。一般用法是用少量的红糖或者白糖加生姜煮汤喝，在睡觉前使用，能够有效预防感冒。同时，大蒜和生姜也有相同的功效，能够增强人体的免疫力。

（4）食醋疗法。食醋能够消灭潜伏在鼻部和咽喉处的感冒病毒，对于治疗感冒和流行性的感冒有很好的疗效，尤其是在感冒初期，有最佳的疗效。有一种叫作米醋滴鼻法，就是在流感多发的季节，用一半的食醋和一半的冷开水配置成溶液，装入滴鼻用的空瓶内，在每侧鼻孔滴入 2 ～ 3 滴，每天滴 4 ～ 6 次，就能够有效地杀死鼻腔内的病毒，能够有效地预防感冒。还有一种叫作食醋熏蒸法，这种方法是用在室内的，一般用法是把 100 克食醋放在火炉上熏蒸，大约熏蒸到 15 ～ 20 分钟，不仅能够有效地杀灭室内的病毒，有效地防治感冒发生，保障身体的健康；而且能够使室内有一股香味，每天最好用食醋熏蒸 1 ～ 2 次。

（5）少吃食盐法。医学证明，少吃食盐，可以提高唾液中溶菌酶的含量，有效地保护口腔和咽喉部的黏膜上皮细胞，从而分泌出更多的免疫球蛋白来对抗感冒病毒，对于预防感冒有很大的好处。但是有两种预防感冒的方法与食盐息息相关，第一种是用盐水漱口法，每天早晚都用淡盐水漱口一次，可以有效地杀灭口腔内的病菌病毒；第二种是用盐水洗鼻法，因为医学上认为，当人处于一个低温状态或者由外界淋雨等因素使呼吸道中的病毒停留在鼻腔内的时间过长，用盐水冲洗鼻腔可以把鼻腔里的病菌病毒洗干净，防止病菌病毒在鼻腔中大量繁殖并侵入人体器官和组织，而且平时用盐水洗鼻能够极大地降低感冒的概率，能够有效地预防感冒。

（6）大量饮水法。嗓子发干就容易上火，上火就容易感冒。多喝水，适当的水分能够稀释血液中的病菌病毒，从而加速病毒向外排出，促进身体免疫功能的正常发挥。

（7）饮食习惯法。要多吃新鲜的蔬菜和水果，多吃瘦肉、蛋类和豆类等蛋白质含量较高的食品，少吃油腻的食品，饮食不宜吃得过饱，饮食搭配要合理。

3. 在生活中的小习惯也能预防感冒

（1）在早晨出门健走之前，立刻把门和窗都打开，使室内的空气流通透气，至少要开 30 分钟以上，让感冒病毒和病菌随着空气流通排到室外。

（2）清晨出门健走之前，用冷水洗脸。每天早晨用冷水洗脸，可以增强面部的血液循环，提高耐寒抗冻的能力，有助于提高身体的抵抗力，预防感冒的发生，长期坚持用冷水洗脸，能够增强面部肌肉的适应性，这样在冬季和春季出去健走的时候，就不会感觉到不适应。

（3）要经常性地晒一晒被子、枕头，利用大自然强烈的日光消毒，阳光中的紫外线对于病毒病菌有消除杀菌的作用。

（4）在室外健走的时候，尽量避免到人群聚集的公园里，这样就能够减少被感冒病毒病菌传播的机会，也要少去一些公共场所，遇到同样在户外健走患有感冒症状的人，尽量少接触，在他们打喷嚏的时候，尽量远离或者转过身子，不要被病毒病菌感染。

（5）深呼吸对于预防感冒也有一定的作用。在进行健走运动之前，集中注意力，保持身体的直立，两脚保持与肩膀同样的宽度，双手伸直自然下垂，连续深呼吸 10 次左右，能够有效地排出体内有毒的细菌。

（6）在健走的时候，时刻搓手也可以预防感冒。因为手拇指根部的肌肉很丰富，而且与呼吸器官关系十分密切，在健走的时候同时搓手，能够有效地改善容易感冒的体质。一般方法只要两只手互相搓手拇指的根部，直到搓热为止，这样可以促进血液的循环，增强身体的新陈代谢的功能，能够增强人体的免疫力，能够有效地预防感冒。

（7）在健走的时候，按摩鼻翼也可以有效地预防感冒。在健走的过程中，两只手微微握拳，用屈曲的拇指背面上下往返按摩鼻翼的两侧，上下各按摩 30 次左右，鼻子略微发红发热就可以停止，这样一方面能够改善鼻部的血液循环，促进鼻子的黏膜细胞分泌，将感冒病毒病菌等有害的物质排出体外，从而有效地预防和治疗感冒。

（8）在健走的时候，可以适当地服用一些药物。医学研究证明，维生素 E 能够有效地提高人体的免疫功能，对于预防感冒有很大的好处。当感冒前兆来临的时候，要及时服用感冒茶和感冒药，就能够有效地预防感冒。不过，药物不可以滥用，一旦滥用就会引起抵抗力的下降，导致感冒病情的加重。

户外健走时如何预防扭伤

扭伤，一般是指闭合性的软组织的损伤，大多是在外力的作用下，做了一些超出范围的活动，使脚踝或者膝关节发生了超出平时的承受能力，造成了脚踝、膝关节以及韧带严重的损伤，一般扭伤的症状表现为疼痛、肿胀、出现瘀血，严重的还会出现关节功能性障碍等症状，受伤程度随具体损伤情况而轻重不同，主要体现在运动中，在健走的过程也很容易出现脚扭伤的情况。

扭伤后，脚踝的肌肉会产生疼痛，相应的皮肤会产生瘀血和擦伤，甚至出现瘀斑，并发生一定程度的肿胀和压痛，严重的话跛行或不能着地。扭伤也分不同部位的扭伤，包括肌肉的拉伤、脚腕关节的扭伤和脚踝关节的扭伤。一般情况下，肌肉的拉伤发生在大腿和小腿，而且大部分的拉伤情况都不会很严重，不需要去医院进行治疗，只需立刻停止运动，对拉伤的地方进行冰敷，并适当地抬高腿就好了；而脚腕关节的扭伤一般是在健走的过程中脚与地面发生了一定的摩擦，或者健走的地面不平或者健走的地面积水结冰，健走不慎的话就会很容易滑倒，滑倒的时候，人的第一反应就是会用手撑住地面，那么力量就会经过手腕传到手肘，而脚也会在滑倒的时候造成脚腕的扭伤，更严重的可能会导致骨折；而脚踝关节是人在摔倒时最先与地面接触的部分，也是健走时最容易受伤的部分，尤其是在冬天，气温很低，人体的肌肉和韧带会变得紧张、僵硬，这样就更容易受到损伤。脚踝关节在健走的时候扭伤了，一般不严重的就可以自己处理，首先立即停止活动，再对扭伤疼痛的地方进行冰水敷，再抬高脚大概就可以了，如果有略微或者更严重的情况，应该立即去医院就诊。

扭伤的主要原因有三个，第一个原因是因为运动强度过于激烈，大多是由外伤引起的，或者运动的姿势不正确或者不恰当，又或者因为身体不平衡导致不小心跌倒、脚步肌肉拉扯等过度疲劳造成的，又或者过度的扭伤等原因而导致了身体的某一部位的肌肉、经脉或者组织受伤，从而导致了脚踝和膝关节产生瘀血，造成了脚部的扭伤，伴有肌肉纤维、韧带断裂引起的伤痛感。

第二个原因是在运动之前没有进行合理的热身运动，对于平常没有运动习惯的人来说，特别是在冬天，室外的气温过低，如果突然直接进行健走，身体的状况是很难适应的，自然就很容易导致肌肉受伤、膝关节扭转，甚至产生运动中腰腹部疼痛的问题，对人体的伤害很大。人体内的血液在体内是均匀分布的，但是在运动的时候，心脏、肺部和肌肉的承载力突然加大，这样就需要有更多的血液流向心脏、肺部和肌肉，满足心脏、肺部和肌肉所需要的氧气含量。运动时，人体心脏、肺部和肌肉所需要的供血量是平常的30倍左右，所以热身运动的主要作用就是让使体内的血液重新分配，让更多的血液流向心脏、肺部和肌肉，满足体内所需要的血液，从而减少运动伤害。

第三个原因则在于体质本身，自己的身体对于运动的适应性很差，因为跟不上运动的强度，从而轻易地造成运动扭伤。

那么，我们在健走的时候应该怎么样预防扭伤呢？

第一，在选择健走场地的时候，最好选择较为松软和平坦的场地，最好选择在运动跑道上健走，避免在很坚硬的地面上健走，因为健走时地面会对脚部产生一定的冲击力。当遇到施工的场地，应该绕道而行，尽量避免受伤；同时注意力也要留意路面的状况，尽可能避开凹凸不平的路面或者路面有积水或者结冰的路面，同时要注意健走周围的环境状况，特别是遇到公路上来往的车辆，要刻意注意谦让过往的车辆和拥挤的人群；健走一般都选择在白天的时候，要选择光线充足的路面，在光线不充足的地方，要尽量减慢健走的速度，特别要小心路面的状况。

第二，健走时要选择合适的鞋子，尽量选择鞋底较为软，但是比较厚的高帮鞋，最好的是鞋帮对脚后跟有包裹的，不要选择硬底的皮鞋或者塑料制品的鞋，而且后跟不要很高，一般都选择穿运动鞋或者布底鞋，而且应该根据健走的路况来选择健走的鞋子，在不平的路面上健走的时候，应该选择厚底的鞋子，也不要穿变形或者鞋底不平的鞋子；而且最好选择鞋底纹路比较深，防滑性好一点的鞋子。健走的时候，鞋子的鞋带不能系得过紧，这样就影响到脚部的血液循环，同样在每次的健走后以及每晚睡觉之前都要用热水泡脚，这样能够缓解脚部肌肉的僵硬，增强膝关节韧带的弹性，这样能够有效地预防脚部扭伤。

第三，健走运动的前后，要很认真地做好充分的热身活动和放松活动，尤其是大腿和小腿的肌肉、脚踝和脚腕的关节和韧带，都要充分地把全身的肌肉和关节充分活动开，这样能够有效地预防脚部扭伤，而且要对腿部进行保暖，这样也能够有效地避免肌肉拉伤；在健走的时候，要合理地安排运动量，而且在健走的过程中要专心，刻意留意路况；在健走的过程中，也要注意间隔放松，在一段时间的健走之后，需要做一些放松运动，这样能够有效地消除脚部的肌肉疲劳，防止因为脚部负担过重而导致的脚部扭伤；同时在健走之前，要加强对容易受伤的脚部肌肉的舒展和练习，平时要注意进行踝关节周围肌肉力量和本体感觉的训练，这样能够有效地预防扭伤的发生。

第四，健走的姿势要科学合理，不合理的健走姿势很容易导致脚踝和膝关节的损伤和扭伤，所以在健走的时候应该避免脚跟先着地，应该是前脚掌先着地，充分地发挥脚部的弹性，这样能够做好身体的缓冲准备，减少在落地时候的阻力。脚的后脚要舒展，落地时不要太猛，这样能够减轻脚的负担，又能有效地防止扭伤，同时也要掌握正确的健走方法和技术，科学地制订每天的健走路程和时间。

第五，对于体质较弱的，年龄较长的，或者患有心脏病等慢性疾病的健走者来说，最好是在充分的睡眠和充分的休息之后，在精力充沛的情况下健走，强度要相对于平常人要减轻一些，而慢性疾病的患者，随身携带必要的药品，以防在健走时突然发病而无药医治；而在酗酒等对身体有巨大损害的行为过后，不适合健走。

我们常说，健走是一项长久坚持的运动，不能够中途放弃，如果不小心扭伤了脚之后，是否应该进行健走运动呢？其实，扭伤一般分为三个程度的情况，分别是慢性期、亚急性期和急性期，在不同的时期应该注意不同的方式，根据扭伤的严重程度来判断。

在慢性期的时候，脚踝只是有略微的扭伤，没有伤及腿部的肌肉和骨头，这时候是可以坚持小步慢跑的，也可以在健走之前的准备活动中舒展舒展扭伤的部位，但是最好穿着脚踝的护具再进行健走，同时也要注意不要再扭伤，不要做一些跳跃的动作，因为当脚接触地面的时候很容易扭伤，不要加大健走的强度，要锻炼好小腿的肌肉，这样能够有效地预防再次扭伤。

在亚急性期的时候，因为比慢性期要严重得多，所以应该先进行一些治疗，物理治疗较为安全和方便。每天都需要用热水泡扭伤的部位，尤其是对扭伤的脚踝和韧带处，浸泡 5 分钟左右，再换到冷水中浸泡 1 分钟，反复地冷热交替，最后也是以热水浸泡结束。任何时候都需要戴上护膝，同时配合一些药物的治疗，肿了的时候可以在扭伤的部位贴上一些有消肿散成分的膏药，并且口服跌打药丸，这样能够有效地止痛和消肿。在脚部扭伤的亚急性期，最好不要进行高强度的健走，可以做一些散步运动，以防脚踝的再次扭伤。

在急性期，要学会分辨伤势的轻重。一般来说，自己对身体的状况是比较清楚的，扭伤部位的疼痛与否都能够自己感知，如果能够感觉到疼痛，但是并不剧烈，这种情况一般属于软组织的损伤，自我能够医治。在扭伤的 48 小时以内，应该及时用冰敷进行紧急处理，首先把受伤的部位进行固定，防止进一步肿胀，同时也要抬高下肢，增加经脉血的回流，也能有效地防止扭伤部位的肿胀，然后用毛巾包上冰块，或者在夏天的时候，直接用毛巾蘸一些冰凉的水对扭伤的部位进行冰敷，防止持续内出血。

这个时候一定要区分热敷和冷敷的区别，虽然它们都属于物理疗法，但是作用却截然不同，血遇到热而活，遇到冷就凝固，所以在扭伤的时候应该进行冷敷，这样就能够减少肿胀，大约在扭伤的 48 小时候之后再进行热敷，这样就能够加速松散扭伤部位的瘀血；在对扭伤部位按摩的过程中，手法要柔和轻缓，以免造成损伤部位的再次受伤，就能够收到令人满意的效果。

但如果疼痛感十分强烈，而且是在肌肉和骨头上，不能够站立或者连走路都成了问题，严重的还能够听到肌肉的声音，这种情况较为严重，是属于骨折的表现，应该马上到医院医治，拍摄 X 光片进行全面的检查，同时听从医生的嘱咐。

在扭伤的后期，可以稍微做一些适度的恢复性运动，同时也要做好扭伤部位的保暖工作。

户外健走时如何预防脚起泡

当我们进行长时间的走路时，脚上都会长出一个个水泡，它是透明的、充满了透明的液体，它可以出现在你的任何地方，有些泡是不会产生疼痛感的，但是有些脚起泡却异常疼痛，让你没有任何办法健走，甚至连走路都不会。脚起泡在医学上又称为“足泡”，是皮肤的外、内层间异常的组织液蓄积所成的小水袋，是由于脚底出了汗，脚底变湿，导致脚部的表皮软化，脚部与鞋子长时间地摩擦，导致脚的局部组织液渗出，从而形成脚泡。

脚泡的形成原因通过是由脚和鞋子袜子的不契合，以及健走的道路不平以及健走速度的不均匀，还有就是健走者本身缺乏锻炼等众多因素有关，最典型的情况就是脚部皮肤和袜子、鞋子之间的摩擦；还有长时间长距离的健走，脚底出汗了，从而使脚部处于一个过度潮湿的环境，此时容易产生水泡；鞋子太小或者太紧也容易产生水泡，全部都是因为摩擦产生的而导致与皮下组织产生了间隙，从而令间隙中充满了液体。

在健走的过程中，因为不使用任何的代步工具，都是用腿一步一步地在地面上走，由于是脚直接和鞋子和地面接触，每天健走过程中脚要经常与鞋子接触以及产生摩擦，所以在健走的过程中最容易产生的身体伤害就是脚泡，一般产生于脚的两侧、脚后跟或者脚趾的地方，一般的症状是水泡周围的皮肤呈现红肿、湿热、有刺痛感，而脚泡虽然很小，但是它的形成会影响健走的顺利进行，如果在健走的过程中不小心把脚泡弄破，会引起感染，造成剧痛从而影响人的健康和活力，所以在健走的过程中预防脚泡的产生十分重要。

第一，健走的过程中，一定要选择合适的鞋子和袜子。

鞋子一定要合脚，健走鞋最适合的宽度就是在穿进鞋子之后，脚跟处还能插进去一根手指，要比平时穿着合适的鞋子大 0.5 至 1 码，保持脚在鞋子里有适当的空间；鞋跟不能过高；鞋子的材质不可过硬，一般选择半新的胶鞋或者布鞋，不要刻意选择新的鞋子或者知名品牌的健走鞋，只要符合我们平时走路的习惯就好；女性在健走时不能穿高跟鞋或者硬底的皮鞋，因为摩擦很容易产生脚泡；在鞋子的中前部一定要系紧，固定脚部的鞋带也一定要系紧，这样能够减少脚底与脚的摩擦，防止脚泡的产生；鞋子的透气性要好，良好的透气性有助于保持鞋子内部的干燥，防止脚底出汗。

袜子最好选择吸水性强，而且容易干燥的材质，比如加厚版的合成纤维材质的袜子就比较适合健走，还有聚丙烯或其他新的合成纤维都可以，而且最好没有破损和褶皱，而且洗过很多次的袜子也不宜穿着去健走，因为袜子里的纤维经过多次的洗涤会变硬，一般选择适合跑步穿或者健走穿的袜子，可以防止袜子滑落，导致聚集汗渍，从而产生脚泡，也可以选择没有接缝，而且表面光滑的袜子，这样袜子层面与袜子层面的摩擦就取代了脚部和袜子的摩擦，从而防止产生脚泡。

鞋子内的沙子要及时清理，因为沙子在鞋子里很容易磨伤我们的脚，从而产生脚泡。

鞋子的鞋垫要平整，也可以适当在鞋子里垫一些东西，比如较为柔软的棉花和软棉布之类的，不过在鞋子里垫棉花之类的东西会导致健走的速度降低，但是能很好地防止脚泡的产生，不过对健走的时间无法保证。

在容易起水泡的地方贴上医用胶布，也能够有效地防止脚泡的产生。

在健走之前，用滑石粉、痱子粉或防汗喷雾剂涂在脚上，或者涂一层凡士林，有助于保持脚部的干爽，减少脚部与鞋子、袜子的摩擦，减少产生脚泡的可能性。

在睡觉之前，最好用温水或者热水泡脚，这样能够促进脚部的血液循环，从而在健走的过程有效地减少摩擦，防止脚泡的产生。

第二，在运动的过程中，比如在进行健走锻炼时，一定要注意循序渐进，不可一蹴而就，也不可以漫不经心地一会儿跑，一会儿走，速度也不要一下子快，一下子慢，健走要有一定的规律性，而且在健走的时候，脚落地的时候一定要稳，脚步大小要均匀。循序渐进地延长健走的时间，能够让脚部的肌肉和皮肤慢慢地适应鞋子与地面产生的摩擦力，这样就会有足够的时间形成对脚的保护作用，有助于预防脚泡的产生。

当脚有任何的不适或者疼痛，就应该立刻在感到疼痛的部位贴上创可贴或者透气的胶布，及时地进行处理。

如果在健走的过程中，不小心使脚出现了脚泡，如果脚泡不疼的话，就不用刻意地去管它，因为皮肤有自我保护功能，它最终会自己破开，液体会自己干掉，脚泡自然就好了。但如果水泡产生了疼痛的话，最好的方法就是将泡刺穿然后引流，首先用热水泡 10 分钟的脚，然后再用碘酒或者酒精对脚泡的部分进行消毒，之后再用煮沸的开水把引流的针浸泡 5 分钟，然后立马冷却，起到消毒的作用，用针小心地把脚泡刺破，使脚气泡内的液体排出，直到排干，缓解水泡所构成的压力，再涂上无菌药膏或者消毒的药膏和药水，用胶布或者是敷料把伤口遮起来，这样能够有效地减轻痛楚，避免患处的面积扩大以及预防伤口的深度感染。但是切记不要剪去脚泡的皮，以防受到更大的感染，有一个能够防止感染的方法就是在创可贴的中间部分剪出一个和脚泡差不多大小形状的洞，紧紧地贴在脚泡上，然后再在原先的创可贴上再贴一个创可贴，这样水泡就能较好地保证伤口不受感染。

如果脚泡已经被弄破，而且周围的皮也已被弄破，从而在脚部形成开放性的创伤，那就要立刻进行消毒、包扎，并且用软布包扎好。一般，当新的皮肤长出来之后，旧的皮肤就会自然地脱落，也不用特殊的护理就能够痊愈。

户外健走时如何预防蚊虫叮咬

在户外健走时，我们健走的地点一般都会选择在较为安静的依山傍水的公园，在这些地方很容易被蚊虫叮咬。其实，一般情况下，被蚊虫叮咬不会产生很严重的后果，但有些昆虫身体所含有的毒素越来越高，而且现在蚊虫的叮咬对于人体的伤害越来越大，甚至会危及人体的健康。

蚊虫的叮咬一般是指蚊子对皮肤的叮咬，蚊子具有一种刺吸式的口器，以人体的血液作为食物，它通过口器刺伤人的皮肤，蚊子的唾液或者毒液直接侵入皮肤，由于它的唾液或者毒液里含有多种抗原的成分，这些抗原在进入人体内部之后与体内的抗体产生反应从而引起了炎症，通过蚊子传播疾病，现在得知的就有很多，比如疟疾、黄热病以及脑炎等。

那么，什么样的人容易受蚊虫的叮咬呢？

第一，常有人说婴儿的皮肤很嫩，所以蚊虫很喜欢叮咬，也有人说婴儿的身上有一股奶味，所以很受蚊虫的欢迎，其实不然，主要是因为小孩子体内的物质三甲胺的含量比较高，而三甲胺本身是有一股鱼恶臭味的，小孩子爱跑爱跳会导致体内的三甲胺含量迅速增高，从而吸引蚊虫来叮咬。

第二，出汗多的人也很容易被蚊虫叮咬。因为汗液中含有大量的氨基酸、乳酸以及氨类等化合物，蚊虫对此很是敏感。什么样的人出汗多呢？一般是处于运动中的人，还有正在发育的青少年，以及处于生理期的妇女和正在怀孕的妇女，所以在健走的时候，因为全身处于一个运动出汗的阶段，所以很容易受到蚊虫的叮咬。

第三，爱化妆的人也是蚊虫叮咬的较高人群。国外曾经有科学家利用一种嗅觉仪器对生活中近 4000 种物质进行了测试和分析，研究数据发现，很多种类的发胶、护手霜和洗面奶等化妆品对于蚊虫的吸引力也是非常大的，因为它们大部分里面都含有一种叫作“硬脂酸”的物质，它属于脂肪酸的一种，因此很受蚊虫的“喜爱”，所以建议在健走时保持清爽的面容，不要用过多的化妆品。

第四，衣服的颜色也会影响蚊虫叮咬的概率。蚊虫对于深色，特别是黑色的衣物有较高的敏感度，首先是因为颜色较深的衣服对蚊虫没有反光的作用，所以容易受蚊虫的叮咬，其次是因为深色的衣服本身吸收阳光的能力就很强，在阳光的照射下或者过度的运动都会导致体温过高，流汗过多，从而吸引蚊虫叮咬。

所以，我们在户外健走的时候，一定要注意预防蚊虫的叮咬。那么，要如何才能够预防蚊虫的叮咬呢？下面，我们将重点介绍几种方法用来预防蚊虫的叮咬。

第一种方法，自身防蚊虫叮咬法。也就是说，要保持个人的卫生，勤洗澡，保持肌肤的清洁，控制身体的体温过高，防止身体出汗过度，而招惹过多的蚊虫；在室外健走的时候，尽量穿颜色较浅的衣服，也要穿一些透气性好和吸汗效果好的衣服；身上也尽量少喷香水等物质，因为蚊虫对于有花香味的物品特别敏感。

首先，通过饮食调理等方法改变自身的体质，使身体所排出的汗液的酸性浓度降低。平时，要多吃一些大蒜，以及含维生素 B 较高的食物，比如豆类、海鲜、动物的肝脏、水果以及绿色蔬菜等。维生素 B 对于防止蚊虫叮咬有很大的好处，在口服维生素 B 之后，通过人体的新陈代谢将通过汗液排出体外，会产生一种蚊虫不敢接近的气味。

其次，我们在室外健走的时候，一定要穿长袖的衣服和长裤，并且要扎紧袖口和领口，也要把裤口扎紧，防止蚊虫乘虚而入，如果处于夏天时穿短衣短袖，皮肤暴露的地方一定要涂抹防蚊虫药。此外，在市场上还有一种被称为室外运动的最佳装备的防蚊驱虫速干衣，虽然它的表面没有任何的独特之处，但它在制作的时候加入了一种特殊的药剂，从而使停留在衣服上的蚊虫很少，而且停留的时间又短。

第二种方法，区域防蚊虫叮咬法。健走的时候，一般都是选择公园等地方，而公园又是多水多树的地方，很容易遭受到蚊虫的叮咬。所以，我们在健走的时候要尽量避开蚊虫多的地方，比如潮湿的树荫下面、潮湿的草地上，以及靠近水边的区域，很多草丛是蚊虫的聚集地，所以在健走的时候尽量要避开草丛，最好选择没有草丛的地面。

第三种方法，药剂防蚊虫叮咬法。我们在户外健走的时候，可以随身携带一些药剂，能够有效地防止蚊虫叮咬。

（1）选择在身上带一瓶开了口的风油精或者清凉油，蚊虫对风油精和清凉油的味道很敏感，一般不敢轻易靠近，不过这种方法的效果不是很好，因为风油精和清凉油在空气中很容易挥发。

（2）在身上使用一些特殊味道的香水，比如茉莉花的香味、玫瑰的香味，又或者是夜来香的香味，蚊虫对这种香味也十分敏感，不会轻易靠近。

（3）使用电子的驱蚊手表，它的制作原理是用手表模仿蜻蜓振翅的声音有效地达到了驱蚊的效果，因为众所周知蜻蜓是捕食蚊虫的能手，是蚊虫的天敌，有效的范围可以轻松达到不受蚊虫的困扰。

（4）使用驱虫剂或者驱蚊露。因为头颈的部位、手腕的部位和脚踝的部位都很容易受到蚊虫的叮咬，所以在健走之前，对于身体的裸露部位喷洒一些驱虫剂或者驱蚊露，一般能够达到长达 7 ～ 8 个小时的防止蚊虫叮咬的效果，但是驱虫剂和驱蚊露的效果也根据每个人的体质不同而有所不同，新陈代谢较快的，汗流得又多，稀释也快，不过需要注意的是此类驱虫剂和驱蚊露与防晒产品同时使用的时候，会抵消防晒产品的防晒效果，因此在夏天户外健走的时候，应该适当地增加涂抹防晒霜的频率。

（5）防蚊液是在户外健走时人们所必备的用品之一。防蚊液的主要成分是避蚊胺，这种成分能够在 6 ～ 8 小时内成功阻止百分之百的蚊虫叮咬，它的原理主要是由药物直接对蚊虫的触觉器官产生抵抗作用，从而驱赶蚊虫。

如果我们在户外健走的时候不小心被蚊虫叮咬了，我们要及时对蚊虫叮咬的地方进行消肿，要利用我们周围所能够提供的东西进行止痒消肿。

首先，用西瓜皮反复擦拭蚊虫叮咬处，大约 1 分钟的时间，再用清水洗干净，几分钟之后就能止痒，并且很快消肿，因为西瓜中含有少量的乙醇，在化学中，乙醇蒸发的时候是会带走一定热量的，这样就能够收缩被蚊虫叮咬的地方的毛细血管，从而减少因蚊虫叮咬而产生的炎症的皮肤面积，从而达到止痒止痛的目的。

同样原理的还有藿香正气水，在被蚊虫叮咬后，将藿香正气涂抹在被蚊虫叮咬的地方，也能够起到止痒止痛的作用，因为藿香正气水中也含有少量乙醇，乙醇蒸发的时候会带走皮肤周围的热量，缩小被蚊虫叮咬的地方的毛细血管，减少因蚊虫叮咬而产生炎症的皮肤面积，达到止痒止痛的目的。

芦荟的汁液涂在蚊虫叮咬的地方，也有相同的功效。

类似止痒消肿的方法还有很多，比如蘸一点湿了的洗衣粉，涂在被蚊虫叮咬的地方，也可以立即止痒止痛，消除红肿。

比如将 1 ～ 2 片的阿司匹林捣成碎渣状或者粉末状，并配合少许的凉白开慢慢融化，搅拌后调成糊状，类似面疙瘩的感觉，涂在被蚊虫叮咬的地方，也可以立刻止痒，能够减轻或者消除红肿。

比如，我们平时刷牙用到的牙膏也能够对蚊虫叮咬产生作用，当我们刷牙的时候会感觉到嘴巴里有一种清凉的感觉，这是因为牙膏中含有薄荷的成分，而薄荷中的龙脑薄荷，属于味辛、性凉的草本植物，具有治疗风疹瘙痒的作用和清凉止痒的功效，也常常用于中药制作的主要成分。在被蚊虫叮咬的地方涂一点牙膏，或者捣碎了的薄荷，被蚊虫叮咬的皮肤就会感到一股清凉的惬意感，能够立刻消除皮肤痒的感觉。

比如，平时我们喝粥的时候，如果等粥冷了几分钟之后，我们会发现粥的表面会结一层薄膜，把那层薄膜涂抹在被蚊虫叮咬的地方，也能够起到止痒的作用。

如果是被蜜蜂蜇了，处理方法也有很多简单便捷的方法来止痒止痛，并且消除红肿。比如，利用平时家里用过的茶叶，将一小撮废弃的茶叶捣碎，涂抹在被蜜蜂蜇咬过的地方，就能立刻起到止痒止痛、消除红肿的作用；比如，人体本身的唾液也具有类似的功能，用手指蘸一点自己的唾液涂在被蜜蜂叮咬的地方，也可以立即消除痛苦，唾液对于任何蚊虫叮咬都有一定的好处，但要视不同种类的蚊虫而定，有些蚊虫身体的毒素过高，唾液不能够中和这种毒素；还比如，用手指蘸一点白酒涂抹在被蚊虫叮咬的地方，也可以消除红肿。

上述的多种方法，都适用于由蚊虫叮咬引起的瘙痒、疼痛和红肿。

其次，利用药物药片来止痒止痛、消除红肿。

比如，一般的医学上都知道维生素B对于蚊虫叮咬有很好的治疗作用，一般的使用方法是将维生素B的药片碾碎，用医用酒精搅拌调和成糊状，涂抹在被蚊虫叮咬的部位，这个方法能够有效地止痒止痛、消除红肿。

比如，在针对小孩儿被蚊虫叮咬的情况，因为小孩儿本身的抵抗能力较弱，被蚊虫叮咬后，个别儿童会出现局部红肿，最严重的会出现出血性坏死等非常严重的情况，这个时候，我们能够做的就是利用肥皂或者小苏打稀释后涂抹在被蚊虫叮咬的地方，因为肥皂和小苏打中含有碱性成分，而蚊虫叮咬的毒素一般都是酸性的，碱性能够中和酸性的物质，从而消除皮肤上的红肿，如果要考虑到止痒，就可以用一些药膏涂抹在被蚊虫叮咬的皮肤上。如果不小心，皮肤被感染了并发症，这个时候最好用一些抗生素，比如红霉素药膏。

在健走之后出了大量的汗水，回到家稍作休息，使全身的血液和肌肉组织都得到良好的平稳运行，然后去洗澡，洗去身上的汗渍，也能够有效地预防蚊虫叮咬。

冬季户外健走时如何预防冻伤

夏季在户外健走要预防中暑，冬季在户外健走要防止冻伤。到了冬季，很多人很容易有冻手、冻脚和冻耳朵的情况，形成“冻疮”，导致手、脚和耳朵又疼又痒，有的甚至会形成溃烂感染，困扰人们的日常生活。冬季在室外健走的时候，难免会遭遇到低温的天气，如果因为保持健走运动，而导致身体的部位受冻，这样得不偿失，因此在户外健走的时候一定要好好保护自己的皮肤，不让它受冻。

冻伤一般是指当人长时间地处在一个低温的环境中，人体的皮肤产生了冻坏的伤害事故，也就是由寒冷和潮湿的作用引起的人体全身或者局部的损伤。

冻伤产生的原因也有很多。

（1）低温环境是冻伤产生的一个主要因素，一般的冬季都会长期处于一个低于 0 摄氏度的环境，人也会相应地处于一个寒冷的状态，当长期地处于这样的状态，人暴露在空气中的部位自然而然地会产生冻伤。中国北方冬季的天气是干燥的，皮肤暴露在这种气候条件下，身体的水分会散失得很快，加上北方在冬季会出现大风现象，冷水对皮肤产生很大的刺激从而会产生冻伤。当人的身体长期处于一个寒冷的气温，而且如果空气的湿度很大、流速很快，都会导致身体的热量流失得很快。

低温除了会导致热量的减少，也会使人体内的血液循环功能弱化。本来，冬季因为天气寒冷，体内血液循环和新陈代谢的功能会减慢，尤其是手、脚和耳朵，这些部位的血液循环很容易受到天气的影响，导致局部的肌肉组织坏死，造成冻伤。

（2）当人体的各个部位在冷热的情况互相交替，也很容易造成冻伤。比如，在室内的时候，人的体温处于一个正常热量的状态，而后突然去了室外，温度骤然降低，人的各个部位会突然暴露在寒冷的天气里，造成了身体各个部位的热胀冷缩，导致人体的皮肤和组织无法完全适应空气的变化，而产生冻伤。

（3）人体超正常的行为也会造成冻伤，比如袜子穿得过紧，鞋子比脚要小，比如长时间保持一个姿势不动或者长时间浸在水里都会使身体部位的血液循环遇到障碍，导致身体部位的热量突然减少，导致冻伤的发生。

（4）人本身的健康状态也会成为冻伤的诱发因素。比如，当人长期的健康状况是疲劳的，或者人长期处于一个紧张、饥饿或者创伤、失血过多的情况，都能够减弱人体皮肤和血液对外界的温度变化的感受能力、调节能力和适应能力，从而使人体的热量减少，因而导致了冻伤。

人体产生冻伤的部位主要是发生在手部、脚部、耳朵等部位，因而冻伤的症状由于身体部位的不同而会有不同的症状。

（1）手冻伤。手冻伤一般分为 4 种程度，一般称为“一度冻伤”“二度冻伤”“三度冻伤”和“四度冻伤”。一度冻伤的伤势最轻，也就是我们平常所见到的“冻疮”，受损部位一般是在手指的表层，受冻部位的皮肤会有红肿出血的状况，然后会有一种发热、痒、灼痛的感觉，冻疮一般维持一个冬季的时间，当天气回暖了，冻疮也就痊愈了，手指表面会有一层表皮脱落，一般没有伤痕。

二度冻伤比一度冻伤要稍微严重一些，因为它的受冻部位已经触及了真皮的浅层，皮肤也会出现红肿出血的状况，也有发热和痒痛的感觉，在二度冻伤之后，除了手指会残留红肿的症状之外，还会出现水疱，水疱内是带有血性的液体，而真皮的深层会出现水肿和剧痛，皮肤会感觉到迟钝。

三度冻伤则要比二度冻伤要严重得多，受冻部位一般已经伤及皮肤全层，手指全部或者局部会出现黑色或者紫褐色，手指的感觉会逐渐丧失。三度冻伤不容易痊愈，在冻伤后，除了会留下伤痕之外，手指可能会有长期的过敏或者疼痛。

而四度冻伤就更加严重了，受冻部位已经完全伤及了皮肤、皮下组织、手指的肌肉甚至是骨头，这时候的冻伤可能会出现肌肉坏死，手指的感觉完全丧失，在痊愈之后一定有伤痕形成。

（2）脚部冻伤。当人的身体长时间处于一个低温和潮湿的环境时，受到了温度的刺激，人体表面的血管就会发生痉挛，减少了血液的流量，造成人体肌肉和组织缺少血液，导致身体的血液流量减少，从而使人体的器官组织缺少血液，导致人体的细胞受到损害，特别是一些处于肢体的远端，血液循环较差的部位，比如脚趾。

根据脚部冻伤的程度不同，也可以大致分为几种损害程度，大致与手冻伤是一样的。脚部轻微的冻伤症状一般都是在受冻的皮肤处会有红肿出血的状况，然后会有一种发热、痒、灼痛的感觉，一般也维持一个冬季的时间。受冻的部位一般会在脚部的表层或者组织的深层，脚部冻伤之后的症状一般是脚部的受冻部会产生冰凉的感觉，皮肤会变得苍白，会处于一个发冷的状态，同时会产生坚硬的块状物，产生冻块，脚部的感觉麻木或丧失。脚部的感觉能力会减退，一旦到了寒冷的季节，脚部就会自然出现苍白或者青紫的状态，同时也会伴有疼痛感，肢体的支撑作用会减弱。

（3）冻僵。冻僵属于冻伤中最严重的状态了。冻伤的人全身皮肤苍白、冰凉，脸部的组织会有出现水肿的现象，人的意识和神志会变得模糊，甚至会出现昏迷的现象。人体的肌肉会绷直，没有任何弹性。人体本身的生命现象减弱，瞳孔的反应迟钝或者反应完全消失，心跳缓慢，心律不齐，而血压会慢慢地下降，以至于检测不到血压，心脏也会出现问题，严重的时候会突然停止，呼吸则会慢慢微弱。

冻伤是因为环境的寒冷潮湿作用下，导致人体的局部或全身的损伤。程度较轻的时候会造成皮肤的轻微损伤，要及时救治；冻伤的程度较为严重的时候，可能会造成身体的永久性功能障碍，这时就需要专业的救治，如果不进行及时的救治，可能会危及生命，导致人的死亡。

冻伤是冬季最常见的皮肤性疾病，那么，我们冬季在户外健走的时候，应该如何防止冻伤呢？下面，我们也将从几个方面一一介绍预防冻伤的方法。

第一点，要注意保暖，因为冻伤一般都是由于身体处于一个寒冷和潮湿的环境中造成的。冬季在户外健走的时候，一定要做好各种御寒的准备，要穿足够的衣服，最好是选择保温效果比较好的羊绒制品和化纤制品，以防人体各个部位的冻伤，内衣要保持一定的干燥，鞋袜也要保持干燥，使脚保持一定的温度，促进脚部的血液循环，因为脚部处于血液循环的末端，寒冷会降低血液循环的能力，从而更容易受到寒冷的损害，同时最好佩戴手套和帽子，穿保暖的棉鞋，因为健走的过程中需要临风而行，手和脚都需要参与运动。如果在健走的过程中，发现空气中的冷水对面部的刺激过大，此时应该戴一个只露出眼睛的头套，最好再选择戴一副能够看清楚远方但是有很好的防风作用的眼镜，这样就能够将脸完全罩住，能够有效地防止脸部受到冷风的侵入。

第二点，身体锻炼法。这也是预防冻伤最根本和最基本的方法，通过对身体的锻炼，提高人体的肌肉和组织对寒冷的适应能力和抵抗能力，每天坚持健走对于防止冻伤是有一定好处的，在健走的同时要经常地按摩手、脚和耳朵，做一些适当的热身和准备运动，能够加速血液循环，使血液循环作用到肢体的末端。

第三点，冷水、温水法。因为冷热的迅速交替会使人体的皮肤和组织不能够很好地适应环境，从而导致冻伤。为了预防冷热不均，在入秋之后，当气温逐渐下降之后，应该坚持用冷水洗脸、洗脚、洗手，这样能够增强皮肤的抗寒冷的能力，平时也可以用冷水擦拭容易受冻的部位，擦到发红为止，这样也能够增强耐寒的能力。

第三点，食物疗法。现代生物技术和科学的发展，使我们发现，很多食物对于人体的疾病都有很大的帮助。

（1）我们一直都知道生姜和大蒜对于人体有很大的作用，在非典肆虐的时候，大蒜和生姜也起到了非常重要的作用，而大蒜和生姜对于预防冻伤也有很大的作用。生姜和大蒜如何预防冻伤？方法并不一样。

关于生姜，把一块生姜切成片，轻轻地擦拭容易冻伤的部位，等到皮肤感觉到微微发热就好；或者把一块生姜捣成碎状，与相应克数的白酒搅拌成糊状，浸泡 2 ～ 3 分钟，搅拌均匀后涂在容易冻伤的部位。

关于大蒜，一般的方法都是取一头蒜，把大蒜用力捣碎捣烂，然后放在太阳下面暴晒 10 ～ 15 分钟，涂在容易冻伤的部位，轻轻摩擦，直到皮肤微微发红，有疼痛感就可以了。这种方法能够使皮肤的血液循环畅通，能够有效地预防冻伤。

（2）冬天的时候，大人都会经常吃与萝卜有关的菜，比如肉炖萝卜等菜肴，因为他们知道萝卜中含有大量的水分，而且萝卜中含有多种营养成分，比如维生素 B，钾、镁等微量的矿物质，民间一直都有“冬吃萝卜夏吃姜，不用医生开药方”和“冬吃萝卜夏吃姜，一年四季保安康”的说法，因为萝卜能够使人体产生多种微量元素，有助于促进肠胃蠕动，排出体内的废物，也能够降血压，预防冠心病等慢性疾病，更加对防癌抗癌具有重要的意义。

生萝卜也能够预防冻伤，一般方法是把萝卜切成片状或者块状，放在火上烤热之后，轻轻地擦拭容易冻伤的部位，萝卜冷了之后再在火上烤热，再对容易冻伤的部位继续擦拭，直到萝卜的水分变干。这种方法能够有效地预防冻伤。

（3）食醋疗法。食醋在生活中起着不可忽视的作用，一般我们所得知的食醋有活血散结的作用，配合药材使用能够降低药材的毒性，而且还有止痒消肿的作用，因此食醋对于冻伤有很大的疗效。

一般的用法是，把适量的食醋放在火上加热，然后取一块消毒的纱布蘸上食醋敷在容易冻伤的部位。

冻伤一般是由于寒冷对人体部位造成的皮肤损伤，从而引起局部的甚至于全身的损伤。冻伤的部位一般都是在手、脚和耳朵等部位，当冻伤过于严重就会出现受冻部位坏死，更严重的会导致死亡。因此，如果身体一旦有了受冻的现象，就应该立刻进行治疗，严重的要送往医院。

治疗冻伤最根本的就是迅速恢复身体的温度，防止身体进一步变冷，以及要恢复身体正常的血液循环。早期的冻伤治疗，一般就是用保暖的衣物覆盖受冻的部位，并一直保持着适当的温度；或者用温热的水进行快速恢复身体的温度，水的温度一般保持在身体能够接受的范围之内，在37 ~ 41摄氏度，当皮肤出现红润的颜色，表明冻伤已经得到了有效的缓解。

切记禁止用冰块擦拭已经冻伤的部位，这样会进一步导致组织受到损伤，不要以为摩擦能够使皮肤的体温上身，对于任何受伤部位的摩擦都是不允许的。

如果冻伤的程度并不是过于严重，可以采用一些食物疗法，既方便有效，又能够有效地治疗冻伤。首先，上文提到的预防冻伤中的食物疗法，比如生姜大蒜法、萝卜法、食醋法，都能够有效地治疗冻伤。

其次，还有许多的食物疗法对于治疗冻伤有很大的作用，比如辣椒法，把辣椒与酒浸泡一晚上，然后涂抹在患处，或者用一把新鲜的辣椒、两根茄子的根茎，三枚新鲜的橘子皮，八片生姜混合煎出汁来，然后用汁泡患处，坚持每天1 ~ 2次。比如，山楂也能够有效地治疗冻伤，一般方法是把山楂煮熟后去皮去核，然后捣碎捣烂涂抹在患处，坚持每天1 ~ 2次，大约一个星期就可以痊愈。或者苹果法，也是将苹果去皮去核、捣碎捣烂，熬成膏药状，涂抹在患处，大概每天坚持1 ~ 2次。

如果身体的冻伤已经达到了一个严重的地步，首先的是要把患者迅速搬离寒冷的环境，防止皮肤继续冻伤，然后抓紧时间尽快恢复身体的温度，在受冻的部位迅速涂抹冻伤膏，改善身体的血液循环。如果身体局部的冻疮已经溃烂，萝卜法也能够有效地治疗，在萝卜中间挖一个洞，在洞里倒入香油，然后把萝卜放在火上烤，直到香油滚沸了，趁热把香油涂抹在患处，就能够有效地治疗冻伤。

第九章

健走很快乐，这是你坚持这项运动的理由

在做一件事情之前，是不是都会问，我们做这件事情，坚持做这件事情的理由是什么。每个人在健走之前，一定也会问，我们健走，我们坚持健走的理由是什么。

健走很快乐，这就是我们坚持这项运动的理由。

健走，给我们带来一种全新的健身方式

在健走这项运动产生以前，我们所能够知道的健身方式一般都局限于跑步或者健身房里。但在健走产生之后，无数人都在介绍和推荐健走这项运动。医学之父希波克拉底曾经说过：“健走，人类最好的医药。”在中国中医的理论里也有一句关于健走的名言——“走路是百炼之祖。”而我们在众所周知的知识里，也提出——健走是最简单、最有效的健身方式。

其实每一项有氧运动都有它的弊端，大部分运动都会被空间和时间限制或者容易造成肌肉的扭伤和拉伤；每一项运动也不可能适合所有的人，根据每一个人各自的体质不同，都会有适合自己的健身方式。而健走之所以迅速蹿红被全民接受，是因为健走是一项全新的健身方式，它简单易行，适合大部分体质的人，而且它所受到的运动伤害是最小的。

健走是一种运动，也是一种美好的生活方式，它能够把健身变成是一种美好的享受，让我们在运动的过程中回到自然，在健走的过程中享受到自然的味道，同时这种全新的健走方式不受任何条件的限制，可以随时随地进行健走。

健走是一项“全新”的健身方式，它的“全新”体现在五个方面。

第一个方面，健走是一项人人都能够掌握的健身方式。

健走的基础动作是走路，也就是人在日常生活中一般的行走，是一种最基本、最简单的运动方式，所以当健走出现的时候，很快就被全民所接受，也很容易地被全民所掌握。不过，健走跟普通的走路或者行走是有一定区别的，具体地说，健走主要是对走路或者行走的姿势和速度的纠正，没有很大的难度，一般身体正常的人都能够接受和掌握。

健走是一项“低投入，高产出”的健身方式，运动强度不大，对身体所造成的伤害也比较小，所以小至五六岁的小孩儿，大至七八十岁的老人都能够适应健走的运动强度，甚至正处于月经期或者处于怀孕期的女性也可以进行这项健身方式；同时，健走的运动不需要很强的柔韧性，所以身体壮实，肌肉较为僵硬的成年男性也能够轻易掌握。

第二个方面，健走是一项省钱的健身方式。

现代社会，很多人选择健身的方式都会去健身房。健身房的价格不低，据我了解的在学校附近的健身房，每天 2 个小时的健身，半年的时间总共要花 1000 元钱，对于没有收入的学生来说，是一笔不小的开支。对于成年人来说，价格可能偏高。也有些人为了省钱想在家里进行健身，所以就会去大型商场购买专业的健身器具。总体来说，很多人为了健身花了不少的钱。

健走这项全新的运动方式的全新体现于花很少的钱，得到同样的健身效果。

选择健身房的理由，一是希望有人督促我们健身，二是希望有人纠正我们运动的姿势。而健走这项运动是在公众场所进行的，对于自己姿势的错误，只要留心观察路边的人就能够知道自己做得是否恰当，同时，市场上有很多介绍健走的图书和光碟。

而对于健走所需要的运动装备，一般包括运动衣、健走鞋、水壶、健走包等必备用品和在室外健走需要用到的防晒用品等，这些虽然会花费一点钱，但是这些东西在平时的时候也会用到，不属于浪费现象。同时，健走的场所一般都是在公众场所，不用刻意去健身房，所以能够省下一笔健身房的费用。

第三个方面，健走是一项没有时间限制的健身方式。

一般抱怨没有时间去健身的都是上班族，上下班时间很固定，偶尔还会有公司临时加班，整天都是琐碎的时间，没有系统的空余时间，一天的疲惫过后又不想动，回到家就想睡觉。

健走的全新在于它随时都能够进行，不必刻意挤出大块或者成片的时间，针对上班族特别有效。

上班族坐公交车或者其他方式去公司上班，可以提前一两站下车，健走去公司，这 10 分钟的健走路程也能够很好地得到成效；到了公司，如果办公地点在高楼，请选择低碳的方式——爬楼梯。

上班族在工作期间，会有很多比如开会、打印资料、喝水、上厕所等小碎片的时间，在这些时间里健走，既不浪费了琐碎的时间，又很好地达到了健身的效果。

第四个方面，健走是一项没有地点限制的健身方式。

很多人选择健身房的原因，很大程度上是因为健身房的设备齐全，比如跑步有跑步机；游泳有游泳池。很多健身运动只有在特殊的场所才能够进行，比如游泳的地点必须在游泳池，要求干净、安全；而健走不同，它对于地点没有过高的要求，只要有一条路，健走随地都能够进行。

第五个方面，健走是一项能够坚持的健身方式。

在社会的快速发展中，经济快速增长，人们的生活水平也得到了很大的提高，但是因为过于追求速度，人的身体却处于一个下降的状态，虽然很多人都意识到了健身的好处和重要性，但是常常会因为各种原因而无法坚持进行一项健身运动，比如有些上班族会心疼昂贵的健身费用，有的上班族的时间过于固定，这些都让坚持健身成了一个难题。

而健走，与以往的健身方式不同，它是一种介于散步与竞走之间的一种简单的运动，没有任何时间和地点的限制，也没有任何装备的限制，只要一身运动衣和一双健走鞋，就能够轻轻松松地拥有健身的效果。

从以上五个方面，我们能够看出健走是一项全新的健身方式，既然全新，自然也能够带来意想不到的效果。

第一个方面，健走是一项强度适宜的有氧运动，它不仅能够塑造良好的身材，而且能够愉悦身心，缓解工作和学习上的压力，保持人的身心健康。

健走不会像跑步一样令人气喘吁吁或者身上大量地排汗，但不代表它没有运动效果。很多人都认为，只有运动强度大，才能消耗更多的脂肪，才能够得到良好的健身效果，其实不然，根据众多的数据研究，运动强度和运动效果没有必然的比例关系，任何运动都需要掌握一个度的标准。健走是一项绿色的、有氧的运动，属于运动的范围，它同一般的健身方式一样，能够加速人体的新陈代谢，加速燃烧体内的脂肪，得到较好的健身效果，同时健走能够对脑部产生清心提神的作用，能够愉悦人的身心，缓解工作和学习上的压力，保持人的身心健康。

第二个方面，健走是一项成效巨大的绿色的、有氧的运动，它不仅能够增强人体的心血管的功能，提高人体的免疫力，而且能够有效地预防，比如高血压、心脏病、糖尿病等多种慢性疾病。

医学界在现代社会面临着一个大难题，高血压、心脏病、糖尿病等多种慢性疾病对于人类身体健康的威胁已经远远超过癌症和肿瘤等急性病，最重要的是慢性疾病没有根治的方法，只能通过药物缓解，或者在日常生活中做好预防措施，减少慢性疾病的得病率。

那么，患有高血压、心脏病、糖尿病等多种慢性疾病的人群大多属于什么年龄层呢？一部分是老人，随着年龄的增长，身体的各部分机能都慢慢出现了问题，因而患有慢性疾病；而患有慢性疾病的人群中有一部是正值美好年华的青年人，追究深层的原因，主要跟青年人从事的工作有关，他们长时间坐在电脑前工作，工作八小时，就在电脑前坐了八小时，长久坐，而且以不正确的姿势坐着，很容易导致慢性疾病的产生。

心脏是人体十分重要的器官之一，它作为人体血液循环系统中的最主要的动力，能够为血液循环提供压力，从而把血液运行到身体的各个部位，向体内的各个器官，各个组织提供充足的血流量，血液里同时供养氧气和各种维持人体生活迹象的营养物质，比如水、葡萄糖、蛋白质和各种营养性的维生素，保持人体内部血液畅通，维持人体正常的新陈代谢，促进体内细胞的灵活。

为了维持肌肉的良好运作和身体健康，我们必须保护好心脏。如何能够让心脏更好地得到保护呢？医生建议，要适量地运动，积极参加适量的体育运动，而适量的体育运动要求不能对人的身体产生过多的压力，跑步会产生身体不能负荷的压力，而散步的成效不够维持心脏的运作，而健走是一种恰当的运动，既有利于增强心脏的功能，促进身体正常的新陈代谢，尤其是能够促进脂肪溶解。

而对于有心脏病的患者，由于心脏功能本身就有一定程度的减弱，所以并不适合高强度的运动，而健走是属于低投入的运动，有利于促进血液循环，增强身体的抵抗力，进而提高人体内各个器官和各个组织的功能。

糖尿病是一种日常生活中最常见的疾病，它危害人们的身体，最难过的是，糖尿病一般不能够被治愈，只能通过药物和医学技术的控制来得到缓解。所以，对于糖尿病来说，预防为主，治疗为辅。那么，我们不免好奇到底有什么好的方法可以有效地预防糖尿病呢？我们一直依靠药物，依靠医院，收获的效果却微乎其微，其实预防的方法很简单，不需要多花钱，也不需要受药物的折磨，只要每天坚持饭后多动动，多走走，就能对预防糖尿病起到非常好的效果。

一天健走 1 个小时，对于第二型糖尿病，也就是因为环境因素引发的糖尿病，有 50% 的预防效果。并且，饭后的健走对于降低餐后血糖能够长达 3 小时以及更久。

因此，我们应该在日常生活中增加体力活动，也就是除了限制每天的饮食量，减少体内血糖的堆积，同时用健走这项运动把每天吸收的血糖健康消耗掉，在一定程度上可以改善胰岛素的灵活性，从而改善血糖的吸收，从而起到良好的预防作用。

健走能够有效地预防慢性疾病的产生和恶化，这项全新的健身方式带来了全新的健身效果，有什么理由不尝试？有什么理由不坚持？

第三个方面，健走是一项绿色的健身方式，能够很好地促进人体的新陈代谢，这样也能够很好地排出人体内部有害的毒素，从而达到排毒养颜的效果，同时也能够美体修身。

现代人长期坐在电脑前工作，有时候高强度的工作以及电脑的辐射会导致人的面色苍白或蜡黄，精神萎靡，提不起任何精神，这些都跟久坐有很大的关系。

长期去美容院，不仅加大了日常的开支，而且美容院的治疗并不能根治，只是从表面上解决了面色的问题，而健走是从根本上解决了人体内部新陈代谢的问题，面色苍白或者蜡黄，精神萎靡大多是由人体新陈代谢紊乱造成的，健走加速了人体的新陈代谢，自然就解决了面色苍白和蜡黄的问题。

现代女性都追求健康的纤体，她们担心高强度的运动会让她们的身体，比如大腿和手臂变得粗壮，影响整体的美观；然而健走是一项“低投入”的健身方式，也就是说它不需要很高的运动强度，不仅不会让你的大腿和手臂变得壮实，反而会使你的臀部翘起来，拥有迷人的曲线，因为健走对臀部的肌肉也起到了一个收缩的作用，起到防止下垂松弛的作用。

健走，终将成就一种良好的做事习惯

在工作中，常常会有很多不好的做事习惯，不好的做事习惯会导致很多不好的行为或者不好的后果，而且很多不好的做事习惯是很难纠正的，因此培养一种良好的做事习惯是非常有必要的，而且是非常重要的。

在工作中，工作效率与人的智商有一定的关系，但也与人的习惯、信心、性格等非智力因素有很大的关系，在这些因素中，习惯又占据了十分重要的位置。良好的做事习惯是一种行为的惯性，一旦形成以后，就会形成一种自然而然的力量，就会在工作的情况下主动地按照平时的规则去行动，不需要刻意的提醒，也不需要意志力的控制。

健走，如同所有的健身方式一样，是一项需要长久坚持的运动。坚持健走的过程中，也需要习惯等非智力的因素。比如，在开始健走的时候，不能急于求成，不要着急地到达目的地，要循序渐进，一步一步来，而且说到能够做到也是很了不起的做事习惯。那么，健走到底成就了多少良好的做事习惯呢？

第一，可行的计划。

有一个可行的计划，能够有效地反应良好的做事习惯。计划是指为了完成一个总目标，把总目标分解成若干个版块，按照顺序完成的过程，计划能够有效地反应一个人对于完成工作的有序程度。

健走是有计划，根据自己的体质，什么时候适合健走，在什么地方健走有很好的效果，健走要穿什么样的衣服和鞋子，要带多少东西，健走应该持续多少分钟，应该用什么样的方式健走，健走时发生了意外的情况怎么处理，这些都是计划的内容，只有很好地计划了这些内容，不是盲目地开始，盲目地结束，才能够达到健走的良好效果。

健走的计划不是一次一次单独分开地制订，而是先要有一个统筹的计划，比如一个月的计划和每周的计划，每周的计划和每天的计划，每天和每个时刻的计划，这样按照步骤地进行，对于健走目标的达成有很大的帮助。

第二，及时的反馈。

反馈就相当于 个自我反省的过程，在一项工作完成之后，要及时地分析这项工作中出现的问题，及时做记录，反馈给自己或者上司，在必要的时候也可以跟客户反馈。反馈能够清楚地认识到工作的不足和缺点，便于及时改正。

在健走之后，根据每天健走的效果以及在健走过程中调到的问题，及时地与每天的计划相互对照比较，检查计划的可行性以及需要改进的地方，以便及时地对健走计划进行调整，从而达到更好的健走效果。及时对每天健走事项的反馈，能够让自己更加清楚地知道自己每天健走的情况，可以及时地了解自己在健走方面有哪些方面做得不好不够，需要改进和提高，同时也能够把第二天健走时可能遇到的情况简单地罗列，在第二天健走的时候注意这些可能出现的问题，培养良好的有效果的反馈能力。

第三，认真的检测。

检测是一个完整的反省过程，在检测自己的工作是否完整恰当地完成了，就是检查有没有错误的过程，与反馈是相辅相成的整体，只有通过认真的检测，才能够确保工作的正确和完整。

健走时，要学会检测健走姿势是否正确，健走鞋是否合适，健走时间是否恰当，是否能够对身体产生良好的作用，只有自己认真地注意到了健走的注意点，检测出错误的地方，比如健走姿势的不正确等，才能够使健走发挥它最大的作用。

第四，永恒的坚持。

坚持一直以来都是成功的代名词，如果想要成功，想要实现自己心中的梦想，那么我们在生活中做任何一件事情都需要坚持，坚持做好每一件小事，才能够坚持做好大事。无论最后是否成功，在追求成功的过程中学会了坚持，这比成功来得更为重要，更为珍贵。

健走是一项需要坚持的健身运动。任何运动，只要坚持地做下去，才能够收到良好的成效，如果只是“三天打鱼，两天晒网”，或者半途而废，那么是不会达到预想的效果的。只有每天坚持健走，才能达到健走的良好的成效。

第五，高涨的热情。

主动热情地做事，与被动消极地做事，对人的工作产生的效果是不一样的。在平时的工作中，遇到了困难和坎坷，要积极主动地面对，要主动地去解决，不要去逃避，主动面对会带来很大的成长，因此在工作中要保持高涨的热情，热情能够增加同事之间的凝聚力，化解集体内部的部分矛盾，从而更好地带动工作的积极性；同时也能够激发人的灵感，促进人积极向上。

在进行健走的时候，我们要对健走保持高涨的热情，只有对健走保持热情，才能够很好地认识到健走的有益之处，才能更好地坚持下去。在健走的过程中，一定会遇到各种情况，比如在健走初期感觉身体太累或者健走的时间太长，又或者在健走的过程中不小心扭伤或者拉伤，从而很容易失去健走的热情。在这个时候，我们要清楚地认识到健走对身体的好处，保持理性的热情。

行为养成习惯，习惯造就性格，性格决定命运。健走，能够成就良好的工作习惯，良好的做事习惯，对于未来的工作和生活有莫大的帮助。

大学里有个室友叫王美丽，她毕业之后去了一家培训公司，基本的职务就相当于市场助理的工作。在毕业一年后的同学聚会，她跟我抱怨她从毕业后到现在已经一年多的时间了，每天的工作都很简单，她觉得这个工作太浪费她的能力了。我就劝她换一份难度高一点的工作，她说她试过很多工作了，做过销售，试了一段时间，发现工作环境没有自己想象的好，同事之间的竞争压力很大；也做过汽车品牌，但是对汽车的了解又不多，很难做出傲人的成绩；试了很多岗位，都觉得不大适合。她说看我发展得特别好，问我有没有什么适合她的工作介绍给她。

听完她说的话，突然觉得有点可惜。其实刚毕业的我也是像她现在的状态一样，我当时做的是一份文案策划工作，每天都对着电脑，重复写一些滚瓜烂熟的话，也不知道自己这样做的意义在哪里，我当时特别羡慕技术部的男生，他们每天都发明新奇的程序，工作强度特别大，得到了很大的锻炼，而我总是清闲得要命，准时地朝九晚五上下班。当有一天跟技术部的男生吃饭，他们说很羡慕我的工作，我突然很纳闷他们到底知不知道我的工作有多无聊。

当人长时间地做同一件事情，最开始的热情和激情随着时间的流逝，会慢慢淡化，甚至消失不见，随之替代的是无聊。由此可以看出，一个人最大的敌人不是别人，不是工作环境，而是自己，自己的惰性和态度，是自己的做事习惯。所谓做事习惯，指的是人在工作中通过不断地重复而养成的一种无意识的行为规律，而且不会轻易被改变。

我问王美丽现在在从事什么工作，王美丽说还是市场助理，但每天都过得很无聊，我跟她说："你给自己一个月的时间，做一项运动吧——健走。每天走30分钟就好，走一个月。"王美丽不相信似的看着我，我严肃地点点头说："我认真的，对你真的有用。"然后我就把健走的注意事项大概跟她说了一下。

那晚之后，王美丽没有再联系过我，大概过了半年的时间，王美丽主动打电话给我说，她现在已经是他们公司市场部的经理了。我很替她高兴，问她怎么这么快就升职了。她在电话里笑："还不多亏了你。半年前，你叫我去健走，我以为你只是敷衍我，所以一开始我没有放在心上，但是后来觉得这样下去也不是办法，死马当成活马医了吧，我就试了试健走，每天30分钟，坚持了一个月。"

王美丽说，她发现良好的健走习惯不是一天就养成的，要不停地摸索，不断地探究，她在半个月之后觉得自己适应了健走的习惯，但是她开始觉得无聊，后来不小心扭伤，休整了半个月，她在休整的时候觉得她根本没有完全掌握到健走的方法，不然怎么还会摔倒，于是又开始研究健走。她说她这半年一直都坚持健走30分钟，养成了很好的健走习惯。

同样，她把良好的习惯转移到工作上，如鱼得水。在工作中投入80%

以上的精力，在开始的时候做好适合的计划，在工作期间认真的检测自己是否做得好，及时的反馈每一天的情况，以及保持高涨的热情，所有的困扰都迎刃而解了。

健走，带给我们更深的一种人生修炼

《非诚勿扰》里有一句经典的台词，说给无数的人听——人生是一场修炼。

人生真的是一场修炼，不断地修炼自己，修炼自己去适应不同的环境和条件，学会生活，懂得生活，无论遇到什么困难和坎坷，都能够坦然面对，泰然处之。

健走，坚持健走，能够带来的不仅仅是身体的健康，心情的愉悦，更能够带来一种更深的人生修炼。在健走的过程中遇到的每一种环境，每一个问题都是对自己的考验，都属于人生的修炼，解决了健走中出现的问题，人生的修炼也会提高一个层次。

要学会适应孤独。

健走往往是一个人的运动，一个人在平静的小路上健走，没有人督促，没有人做伴，只有自己，有时候会觉得孤独，但是孤独是人的一生中必须经历的修炼。在健走的过程中，会遇到很多困难，在健走的过程中也许会突然扭伤、拉伤，在你健走完全程的时候，也没有人为你庆祝，所有的过程都是一个人进行的。一个人的时候也是最难熬的，因为最孤独。

没有经历过孤独的人不可能真正的成熟。孤独更像是一种思考，更像是在平时的等待中蓄积能量和精力，厚积薄发。当在健走的过程中，一个人学会了如何预防扭伤和拉伤，也经历过了大雨等恶劣的天气，一次又一次地重复锻炼，一次又一次地重复学习，就会慢慢适应了一个人的孤独。

在健走的过程中适应孤独，人生会有无畏的深层修炼。

在健走的过程中，会遇到各种各样的困难和坎坷，要如何更好地解决这些困难和坎坷呢？如果遇到了下雨天，就换一种适合在室内的健走方式；如果室外有大太阳，就等太阳光不那么强烈，或者做好防晒工作再去室外健走；如果室外温度骤然下降，做好身体的保暖工作再出门健走。

健走的成效取决于在健走的过程中遇到的困难的程度，遇到的困难越大，克服困难的次数越多，健走的成效也就越大越高。因此在遇到困难和坎坷时，要勇敢面对，坦然接受，要坚持到底，遇到困难需要迎头而上，出现问题需要勇于承担。人生处处都会遇到困难和坎坷，不要被眼前的苦难吓住，要勇敢克服困难和挫折，才能取得人生更好更高的成就。

要感恩人生一路上的困难和磨难，因为它们能够强化你的身体，教会你适应孤独，变得独立，增长了你的智慧，磨炼了你的意志，坚定了你的信念。人生的修炼就像是一场健走，在于努力，在于每天坚持不懈，在于脚踏实地的行动，坚持健走，自然就会达到目标，人生如此之长，也只有努力才能够带来成效。

健走是一个不断完善自己的身体和心灵的过程，它在对身体的健康和心态的完善中起着举足轻重的作用，能够带来一种更深的人生的修炼，而人生的修炼就是一个不断完善自己的过程，需要坚持，需要努力。

我的健走日记

自序

我叫张小璐，今年25岁，已经毕业一年了，大学里学的是工商管理的专业，毕业后回到家乡，目前在当地的一家外贸公司上班，每天的工作主要是海、空、陆运物流整个物流全过程掌控，包括出口、进口、退运、进保税区，协助工厂做商检，报关行报关；L/C的审核、制单、交单等；协助财务银行融资、退单、核销、退税的操作；以及根据客户要求办理各种相关单证，如产地证、大使馆认证、保单等。

我是国家211，985工程的重点大学毕业生，在学校的成绩也很好，每年都拿奖学金，也积极参与着学校学院的各项活动，培养锻炼自己的各项能力，大学毕业之后也是从很多竞争的人脱颖而出，费了九牛二虎之力才进了这家公司的。公司在当地有很大的声誉，算是数一数二的公司，我当时进入公司之后很开心，觉得自己可以尽情地发挥自己的优势，然后一步一步地爬上自己人生事业的最高峰。

过年放假回家，我妈见面第一句话就是问我为什么胖了，爸爸也是用深邃的目光看了我几眼不说话，在餐桌上，妈妈苦口婆心地说，年纪也老大不小了，要注意一点自己的形象，不要邋里邋遢的，万一等到要结婚的年纪，没有人要你怎么办。我当时就不高兴了，我不就是胖了一点嘛，事情哪里会变得这么严重，我连晚饭都没有吃，就直接回了房间。

我一个人静静地待在房间里，整个房间都很安静，我回想起毕业后一年来自己的情况，工作依旧不温不火，上司总是把一些杂七杂八的事情交给我做，每次都忙得焦头烂额，还总是被指责，同期的实习生的职位已经慢慢地上升了，我每次看着他们轻松地单独负责一个项目，心里总不是滋味。

再也没有人跟我表达过爱意，爸爸妈妈每次打电话过来都会催我找一个男朋友了，因为一下子都要到结婚的年纪了。我突然意识到自己需要改变了，不管从哪个方面开始，都需要改变了，我又陷入了深深的沉思，改变要从哪里开始，要怎么开始。

在我深刻地反省了自己的问题之后，无论是在生活上的，还是在工作上的，最后得出的原因都在于我变胖了，身上的毛病也多了起来，只要多走几步路就会觉得气喘吁吁，身体大量出汗，而且又很怕冷，冬天都离不开热水袋。

我把困扰告诉了我最好的朋友，她分析了我的情况之后，建议我开始进行一项运动锻炼——健走。我问她健走运动是什么，她跟我简单地说了一下，健走最早起源于欧洲，更精确地说，来源于芬兰。北欧的天气较冷，常下雪，人们就模仿滑雪的姿势，拿着握杆走，最开始的目的是在快速走动的过程中保持身体的平衡，同时也保持体力的均衡，后来，热爱运动的人慢慢尝试这项运动，即使轻松地走路，也消耗了平时散步 10 倍以上的脂肪。更多人的是因为它的“减肥”功能而加入到这项运动中来的，后逐渐发现健走的健康，因此慢慢把这项运动传播开来。

目前，这项简单的运动在很多国家普及，越来越多的人在慢慢加入这项运动，因为它不受任何年龄、性别、体力等方面的限制，低投入、高产出，深得大家的喜欢。

朋友还介绍，健走的好处有很多，首先健走能够提高人的免疫力。健走是依靠脚步力量带动全身力量，能够改善和增强人体的新陈代谢的功能，提高呼吸系统的能力，在消耗体内能量的同时，也提高了免疫力，不感冒，少生病。而且，科学的健走方式在一定程度上能够使人骨髓的造血功能得到更好的开发，提高血液中红细胞、血红蛋白的含量，进而影响人的呼吸系统、血管系统，甚至中枢神经系统，进一步提升人的身体免疫能力，甚至能够预防老年痴呆症的发生。

其次，健走能够提高人对抗疾病的能力。健走时，虽然心脏负担的幅度比散步要快，但从心脏能够负荷的程度来说，属于正常范围之内，而且相对于跑步来说，健走对心脏的负担并不大，对心脏而言是安全的，同时，健走能够增强心肌，增厚心壁，扩大心脏的容纳能力，以预防心血管疾病。可以说，健走是预防疾病的重要手段。

再次，健走能够提高人的活动能力。健走活动腿部神经，能够有效地阻止肌肉萎缩和骨骼关节功能退化。健走的节奏要求平稳，不能时快时慢，因此运动的血流量都是比较固定的，从而在肌肉压力的帮助下对心血管起到了舒缓的作用，能够积极地恢复血管的弹性，促进血液流通，减少血液停滞，唤醒身体的运动细胞，从而提高活动能力。

听朋友讲解，我觉得这项运动值得一试，于是我特意在网上查了一些健走需要注意的特别事项，然后慢慢地计划健走的时间、地点，开始了我改变人生的第一步。

2015 年 2 月 16 日：健走第一天

我在健走之前简单地分析了一下我的身体状况和生活习惯，因为现在处于过年的假期阶段，我不需要考虑到公司的事情，所以可以培养出一个良好的健走习惯。

我把健走的时间定在早晨 7 ~ 8 点早餐以前，以及傍晚的 7 ~ 8 点晚饭以后，我觉得农村里的空气质量比较好，在健走的过程中，哪怕呼吸量很大，也不必担心吸入质量过差的空气导致心肺功能下降；我把健走的地点定在我家附近沿河的小路上，地面是柏油路，因为那边青山绿水，空气质量很好，而且远离车辆和人群，健走比较安全。

以前休息日，早晨我都是睡到 9 点才会起床，因为觉得起床也没有事情要做，早饭吃不吃也无所谓，当我今天在 6 点半起床时，心里其实很反抗，感觉很想赖在床上不起来，可是一想到昨晚的反省，就竭尽全力地起床，梳洗完毕就出门。

因为是第一次健走，我不大清楚健走的姿势，以及健走要特别注重什么，所以我就是简单地提高了平时走路的速度，以前走一步的时间，我现在可以走三步，两只手一直握着拳在腰部两侧摆动，我刚开始坚持了 10 分钟，就感觉自己的身体吃不消了，立刻放慢了脚步，停下来大口喘气，然后等呼吸平缓一些，又开始进行健走，第二次的健走我坚持了 15 分钟，又因为体力吃不消而暂停了 5 分钟，稍作休息之后又进行了第三次健走，大概坚持了 20 分钟，然后就回家了。回到家，我感觉自己的身体像是经历过一场巨大的战役，身体的各个部位都像是消耗光了所有的精力，我躺在床上，觉得这段健走的路好艰难好漫长，平时工作的周末我是不愿意出门活动的，我只希望安静地躺在床上好好地休息一会儿，美美地睡上一觉，或者躺在床上漫无目的的看电视，从来没有试过早起去运动。

我花了很长时间缓解我早晨健走的后遗症，我的大腿部分很酸痛，抬脚都很困难，我的身体也一直传达出疲惫的信号，我吃晚饭的时候，手都很难抬起来，我爸妈还以为我在生他们的气，不肯好好吃饭。

晚餐后，我跟爸爸妈妈说我出去走走，爸爸妈妈看了我一眼也没说什么。以前吃完晚饭，我都习惯性地坐在客厅的沙发上看电视，因为我觉得这样是放松身体的好方法，可是我发现长时间地坐在沙发上，时间久了就会引发腰酸背痛、肩膀发麻、手臂不灵的症状，甚至有骨质增生的疾病。虽然我之前也意识到电视的辐射会影响身体的内分泌，进而影响人体正常的新陈代谢功能。

当我又来到我家附近的小路上，我看着路边的河，脑子里出现很多感慨，以前在大学总是不在意锻炼，因为觉得青春的资本可以被无限利用，可是到现在这个时候，我发现自己当初真的不应该，不应该把自己的心理压力过度放大，从而陷入了一个怪圈。

傍晚时候的健走，因为有了早晨的经验，所以傍晚的健走没有太费力，我的步伐速度也是控制在比平时慢走快 2 步的基础上，因为我觉得这个速度刚刚好适合我，虽然我感觉有点累，但是我觉得这是跟我平时没有健走的习惯有关系的，于是我保持着我的速度不变，但每次健走的时间相对应地拉长。

我选择的健走方式是直行向前走，因为我是一个新手，暂时还不适合各种形式的健走。一个小时的健走时间，我中途大概休息了两三次，第一段的健走大约坚持了 20 分钟，双手握拳直行向前走，直到我的腿感觉到酸痛，手也没有力气再摆动，我就放慢脚步稍作休息，但是每段休息的时间会比早晨的时候要短一些。

晚上我躺在床上，脑子里一片空白，房间里只有电视的广告的声音，我的手臂、我的大腿都传出一种酸痛的信号，我感觉到好累，坚持好累，健走好累，我不知道自己明天还能不能再坚持下去。

2015年2月17日：健走第二天

早晨六点半，闹钟响起来的时候，我很想用被子把头蒙住，忽略掉闹钟的声音，闹钟响起就代表着我要起床，要进行一个小时的健走，昨天健走之后的后遗症时时刻刻地提醒着我，我的手臂好酸，我的大腿好酸，我的身体好疲惫。

手机的闹钟响了一分钟后自动休眠，我睁着眼睛没有睡着，可是我又不想起床，大约过了五分钟，闹钟又自动响起来了，我在被窝里进行着激烈的思想斗争，起床还是不起床。闹钟又响了一分钟后安静了，我把被子推开起床了。是自己想要坚持的事情，必须由自己来完成，半途而废真的是一件很让人讨厌的事情，如果我半途而废了，那么我以后就要不断地重复以前的生活，工作不温不火，也许要窝在一个部门里毫无起色，到了适合结婚的年龄也没有人愿意娶我。

想到这里，我一狠心就起床了。我简单地梳洗了一会儿，就出发去健走了。有了昨天健走的基础，今天的健走相对轻松多了，虽然手和脚都有一点酸痛，但是只要坚持着还是可以继续的。

现在的天气比较冷，我走了一会儿，虽然全身都在冒汗，可是冷风打在脸上，让我感觉很冷，再走几步我就受不了了，于是我匆匆忙忙回家换了一套宽松的羊绒棉袄，同时也佩戴了手套和帽子，也换了一双保暖的棉鞋，在刚才的健走过程中，觉得风过于大，所以我也戴了一个头套，只露出一双眼睛的位置的棉质头套，还戴了一个防风眼睛，这下我的脸已经完全被保护得很好了，在我接下来的健走过程中再也没有被风吹得发冷。

其实第一天，我真正的健走时间只有40分钟，中途还有两三次的休息，我觉得已经是我体力的极限了，所以今天我给自己的规定也是 40 分钟，中途只能休息一次。有了目标的感觉真的好多了，我一般都是选择向前直行走。一般在走之前，我都会先慢走十分钟左右，做一点基本的热身活动，就是简单的双臂来回摆动，活动活动肩膀和脚踝，然后试着深呼吸几次，这时候身体会稍微出一点汗，然后再进行向前直行走，速度也保持在第一天的频率，走了大约 20 分钟之后，脚步放慢，做一些适当的放松运动，大概慢走 5 分钟，再健走 20 分钟，结束之后，做一些伸展运动，舒展背部、腰部和腿部的运动，慢慢回到家，整个健走过程就大概结束了。

傍晚的时候，我发现自己的身体虽然还是有略微的酸痛感，但是我发现自己已经慢慢适应了健走的频率和运动量，身体也慢慢地接受了健走消耗的体力和精力。傍晚 40 分钟的健走相对来说是轻松的，除了昨天健走造成的手臂和大腿的酸痛，没有多余的不舒服的感觉，我觉得自己在慢慢适应这项运动。

我也慢慢地发现了自己的改变，以前晚上睡觉前看电视要看到 12 点、1 点才会去睡觉，可是昨大这一到 10 点，脑子里的困意就来了，感觉一洗漱完躺在床上就能睡着，我立马躺在床上，果然很快就睡了，而且今天发现昨晚没做什么乱七八糟的梦，睡眠质量也很好。

健走带给我的改变，慢慢地以时间的形式出现在我的面前。

2015 年 2 月 18 日：健走第三天

早上，我比闹钟早醒过来一分钟，睁着眼看着天花板，慢慢听着闹钟响起来，然后一个鲤鱼打挺地起床，把闹钟关掉，迅速去卫生间洗漱，然后换了一套干燥的内衣，因为网上说，健走的时候容易出汗，而内衣如果有点潮湿，那么吸水性和透气性会很差，我外面穿着和昨天差不多的衣物就出门了。

我觉得我的身体已经慢慢适应了健走这项运动，身体所消耗的体能很好地激发了健走的速度，我现在感觉不需要刻意的休息，坚持健走 40 分钟没有问题，虽然呼吸可能有点快，心脏跳得也很快，但是我的身体总的来说是吃得消的，而且我能明显地感觉到健走这项运动正在对我的身体产生作用，首先是不停摆动的手臂，酸痛减少了一些，也感觉有了一点力气，其次是脚，支撑能力也增强了，我坚持健走 40 分钟，也没有感觉很吃力；再次是我身体内部的各个器官，我感觉我的呼吸更有力了。

我回到家，爸爸妈妈正坐在客厅里看电视，他们把我叫过去，问我这么早出门干什么，我说去健走，他们又问我什么是健走，我就把我朋友给我介绍的给他们重复了一遍，我爸说："就是走路啊，还不如跑步呢，跑步运动量多大啊。"我笑了笑，跟爸爸妈妈解释了跑步、散步和健走之间的区别。

我们一直都知道跑步对于身体健康是有好处的，但是我们不知道的是，人走一步，脚底所承受的冲击大约是体重的 1 ~ 2 倍，而跑步将冲击力提高到 3 倍。意思是说，按走路脚底承受的冲击是体重的 1.5 倍，那么你跑了 3000 步，就承受了你走 6000 步的冲击，对身体所造成的伤害可想而知。对于有一定年龄或者长久没有运动习惯的人来说，跑步会使他们的脚和膝关节遭受很大的伤害，而对于身体器官，比如心脏、肝脏等有严重问题的人，跑步会影响血管的健康，造成氧气不足，血流耗费的情况。

而散步虽然消耗的氧气和血流不多，承受的冲击也小，但散步时一般心情悠闲，时间也因晚饭时间不同而不固定，很大程度上受时间的限制。

散步时，人的脚步抬高，平贴地面，走得不快，运动量不大，更因为运动次数不足，从而很难为健康带来真正的好处。即使每天固定时间，固定次数的散步，也极少有人能够达到健康的标准。因此，散步的低消耗也决定了它的低成效，我们虽然强调减少运动伤害，但也要保持运动数量和质量，这样我们才能保持身体健康。

而健走，刚好中和了跑步和散步的优缺点，很多人对健走这项运动并不熟悉，认为健走不过是激烈的散步，平淡的跑步而已。实际上，健走这项正在慢慢被全民接受的运动，能够增进身体所有部位的健康，能够使人拥有一个良好的体质。健走的最大好处，可以归纳为“塑身”和“健康”两个方面，而“健康”是我们一生关心的重点，因为只有拥有了健康的体魄，我们才能获得更好的生活品质。

妈妈听我说完，沉寂了半天，弱弱地问了一句：“我也可以健走吗？”我笑了笑，说：“当然可以啊。健走适合任何年龄，任何群体的人。”我妈说傍晚的时候跟我一起去健走，我说好。

吃完晚饭，我妈就穿了一套棉袄就跟着我出去了。路上，我妈说，她看我这几天的状态比刚回来那几天好多了，整个人也显得精神多了，感觉还瘦了。我暗暗地美了一番，想跟我妈说多亏了健走这项运动。

我为了配合我妈的脚步，刻意把自己的脚步放慢了一点，但依旧保持着自己的速率，我觉得我妈走得很吃力，因为她长久不运动，我走了大概半个小时，就扶着我妈回去了，我怕她吃不消，因为她的身体本来就不好，有高血压的病。回到家，我就在网上一直搜适合高血压的患者的健走方式，大约到了 10 点半，睡意又来了。

2015 年 2 月 19 日：健走第四天

我早上醒来的时候，我妈还没有醒，我妈平时就睡得比较浅，我就没有打算吵醒她，自己去河边的小路上健走。这时候，我觉得健走已经成了我的习惯了，早上也不用闹钟叫醒我，会自觉地起床，好像体内的生物钟就是这样安排好的。

早晨的健走和平时的健走没有什么区别，坚持了 40 分钟，身体已经能够很好地适应健走所消耗的体力和精力了，大腿和手臂的酸痛都好多了。

晚饭过后，我又邀请我妈跟我去健走，她担心她的速度太慢，耽误我的健走行程，我说不会的，因为我要教我妈一种适合她的健走方式，速度也不会太快，而且对她的高血压也有帮助。

当人步入了一定的年纪，随着人体内各种器官的老化和受损，血管的弹性也会慢慢消失。血管富有弹性是为了使体内血液的流动十分畅通，因此它的内壁是十分柔软的。人老了以后，由于胆固醇增加，会造成血管内隆起，使内壁增厚，并且变硬，那么血管内的空间就是自然变窄，血液循环开始不顺畅，如果不及时解决继续恶化的话，内壁就会完全堵塞，血液和各种组织无法进行运输，心脏和人体的各个器官都没有办法得到营养。

人在中年之后的高血压等慢性病形成的主要原因是荷尔蒙的分泌导致血压的上升，每天 30 分钟的健走运动能够减少人体内荷尔蒙的分泌，减少血压上升的机会；同时，健走也会增加牛胆酸的分泌，牛胆酸属中枢抑制性递质，主要作用是促进脂类的物质的吸收，有利于降低胆固醇的含量，同时具有降低血压的作用。如若患有严重的高血压等慢性病，应该事先了解好身体所能承受的状况，先从最基础的散步开始，然后一步步发展到健走，并保证每次的运动量必须在 30 分钟以上。

我昨晚在网络上查了很多资料，都是关于有高血压病的人该如何进行健走，应该用什么样的方式健走。根据我妈的身体状况，我在很多种健走方式里挑选出一种适合我妈妈的，并且让我妈妈学会，以后我去工作的时候，妈妈也能够健走了。

现代社会，无论是清晨或者是傍晚，我们都不难在公园里看到一些老年人正在进行着一些拍打的动作，他们用自己的手掌拍打身体的各个部位，往往都能听到一种清脆的“啪啪”声。其实很多人都不知道，这种拍打运动能够增强身体的免疫力，而拍打这种方式是健走运动里一种比较健康，安全的运动形式，因为足够方便，拍打运动在任何时候，任何地点都可以进行，无论是室外还是室内，都丝毫不影响拍打的进行。

根据医生的解释，拍打运动其实是属于按摩法的一种，它通过手掌与全身各部位的肌肉相互接触，产生一种力量的对冲，能够活络胫骨、强筋壮骨、活动关节，还能够使肌肉发达，有良好的弹性，同时还能促进血液循环，增强人体内新陈代谢的能力，提高人体抵抗疾病的能力，从而真正地起到强身健体，固本扶正，并且延缓衰老的巨大作用。

因此，我们不难看出，拍打走是一种简单而且容易实行的健走方式。在健走时，我们可以选择拍打任何部位，而拍打任何部位都有它的益处，下面就让我们来了解一下拍打各个部位的好处，并选择一种适合自己的方式来进行锻炼，使自己拥有一个良好的体魄。

我妈妈当时患有高血压，于是我建议她在健走的过程中拍打胸背部，一般的方法是站立的时候，眼睛平视前方，与双眼持平，全身的肌肉要处于一个放松的状态，肩膀自然地下垂，双手成半握拳姿势，然后举起双手，依次用左手掌拍打右胸，用右手拍打左胸，先从上到下，再从下到上，如此这般来回交替，每只手各拍打 200 次左右。拍打完胸部之后再紧接着拍打背部，双手依旧成半握拳姿势，举起双手，依旧用左手掌绕到后面去拍打右背，右手掌绕到后面去拍打左背，如此这般来回交替，每只手大约拍打 100 次即可。

因为胸背部有着丰富的胸壁神经和脊神经，主导并支配着人体的各项生理运动和健康运动，还有心肺的功能。在健走的时候，同时拍打胸背部能够刺激胸背部下面的皮肤和皮下组织，使皮肤下面的血液循环加快，然后通过神经传导功能，增强体内分泌的功能，可谓有很大的益处。据此，因为胸背部含有十分重要的器官和组织，因此拍打胸背部可以治疗并预防肌肉发育不良等肌肉问题，肺心病、肺气肿等肺部问题，以及冠心病、高血压性心脏病、风湿性心脏病等心脏慢性病问题。

我直行向前走了 40 分钟，回头的时候，我妈大概走了我三分之二的路，她的速度不快，我也看出她拍打得很认真，我问她感觉怎么样，她说刚开始有一点痛，我告诉她注意在拍打时全身上下都要自然的放松，以保证呼吸是通畅有序的，而且拍打身体要做到先轻后重，先慢后快，掌握好一定的节奏，要循序渐进，不可急于求成，也不能随意胡乱地拍，不能这里一下那里一下，像是随意摆动，这样根本就没有任何的意义。

我妈用力地点点头，她说身体很久没有锻炼过了，这次的健走让她觉得很舒服，感觉好像找到了一种活力的感觉。看着我妈笑得像个小孩似的，我心里也很开心。

2015 年 2 月 20 日：健走第五天

过两天我就要去上班了，我担心我不在她身边，她健走的时候会出现一些突发状况而不能很好地得到解决，所以想着写一些注意事项留给我妈，不过我也是刚刚开始健走，所以也不知道健走到底需要注意什么，因为我决定在这两天健走的时候注意一些事项，然后写在纸上，留给妈妈看。

我早晨在路边健走了 40 分钟，形式和过程都和之前没有什么区别，也是先健走了 20 分钟，中途休息了 2 ～ 3 分钟，感觉身上就恢复了体力，于是就立刻开始新一轮的健走，大约进行了 20 分钟，就开始走回家。

走回家的过程中，我突然意识到在健走的过程中最容易受到的伤害是脚扭伤。扭伤，一般是指闭合性的软组织的损伤之一，大多是在外力的作用下，做了一些超出范围的活动，使脚踝或者膝关节发生了超出平时的承受能力，造成了脚踝、膝关节以及韧带严重的损伤，一般扭伤的症状表现为疼痛、肿胀、出现瘀血，严重的还会出现关节功能性障碍，受伤程度随具体损伤情况而轻重不同，在健走的过程很容易出现脚扭伤的情况。

扭伤后，脚踝的肌肉会产生疼痛，相应的皮肤处会产生瘀血和擦伤，甚至出现瘀斑，并发生一定程度的肿胀和压痛，跛行或不能着地走路。扭伤也分不同部位的扭伤，包括肌肉的拉伤、脚腕关节的扭伤和脚踝关节的扭伤。一般，肌肉的拉伤发生在大腿和小腿，而且大部分的拉伤的情况都不会很严重，不需要直接去往医院进行治疗，只需要立刻停止运动，对拉伤的地方进行冰敷，并适当地抬高腿就好了；而脚腕关节的扭伤一般是在健走的过程中脚与地面发生了一定的摩擦，或者健走的地面是不平或者健走的地面积了水结了冰，健走不慎的话就会很容易滑倒，滑倒的时候，人的第一反应就是会用手撑住地面，那么力量就会经过手腕传到手肘，而脚也会在滑倒的时候造成脚腕的扭伤，更严重的可能会导致骨折；而脚踝关节是人在摔倒时最先与地面接触的部分，也是健走时最容易受伤的部分，尤其是在冬天，气温很低，人体的肌肉和韧带会变得紧张、僵硬，这样就更容易受到损伤。

我妈也有一定年纪了，我怕她在健走的过程中不小心扭伤了，因为我妈没有运动习惯，但是健走的运动强度过于激烈，扭伤大多会由健走的姿势不正确或者不恰当，又或者因为身体不平衡导致不小心跌倒、脚步肌肉拉扯等过度疲劳造成的，从而会导致身体部位的肌肉、经脉或者组织受伤，导致脚踝和膝关节产生瘀血，造成了脚部的扭伤，伴有肌肉纤维、韧带断裂引起的伤痛感。特别是在冬天，室外的温度很低，如果直接健走，按我妈的身体状况来说是很难适应的，自然而然就很容易导致肌肉受伤、膝关节扭转，甚至产生运动中腰腹部疼痛的问题，对人体的伤害很大，在健走的过程中，人体心脏、肺部和肌肉所需要的供血量是平常时候的 30 倍左右，所以我妈在健走之前必须做一些热身运动，让身体内的血液重新分配，让更多的血液流向心脏、肺部和肌肉，满足体内所需要的血液，从而减少运动伤害。

昨晚，我特意查了一下我妈的体检报告，我妈的高血压还是蛮严重的，每年的血压指数都没有下降过，我也会担心我妈的体质跟不上健走的强度，所以我很担心我妈得不偿失了，没有达到健走的效果，反而导致身体的受伤。

晚饭之后，我妈要跟着我出去健走，我先让她选择一双适合的鞋子，健走的鞋子尽量选择鞋底较为软，但是比较厚的高帮鞋，最好的是鞋帮对脚后跟有包裹的，不要选择硬底的皮鞋或者塑料制品的鞋，而且后跟不要很高，一般都选择穿运动鞋或者布底鞋，而且应该根据健走的路况来选择健走的鞋子，在不平的路面上健走的时候，应该选择厚底的鞋子，也不要穿变形或者鞋底不平的鞋子；而且最好选择鞋底纹路比较深，防滑性好一点的鞋子。健走的时候，鞋子的鞋带不能够系得过紧，这样就影响到脚部的血液循环，同样在每次的健走后以及每晚的睡觉之前都要用热水泡脚，这样能够缓解脚部肌肉的僵硬，增强膝关节韧带的弹性，这样能够有效地预防脚部扭伤。

而对于我妈患有高血压这种慢性病的健走者来说，最好是在充分的睡眠和充分的休息之后，在精力充沛的情况下健走，强度要相对于平常人要减轻一些，而且我妈应该在健走的时候随身携带降压药，以防在健走的过程中出现血压突然升高的状况。

我妈一到小路上就准备健走，幸好小路是由柏油铺成的，这样在健走的过程中对脚产生很小的冲击力，对于脚来说是安全的，而且这里远离过往的车辆和拥挤的人群。我对她说，如果过几天这条小路结冰了，要时刻注意路面的状况，尽量避开，或者减慢健走的速度，因为冰面很滑，容易造成脚扭伤。

我让我妈先做一些热身运动，做一些放松运动，尤其是大腿和小腿的肌肉、脚踝和脚腕的关节和韧带，要充分地把全身的肌肉和关节活动开，因为这样能够有效地预防脚部扭伤，有效地避免肌肉拉伤，而且我特意活动了我妈脚部的肌肉，加强了舒展和练习，这样能够有效地预防扭伤的发生。

健走的准备运动做好之后，我开始教我妈健走的正确姿势，因为不正确的的健走姿势很容易导致脚踝和膝关节的损伤和扭伤，所以在健走的时候应该避免脚跟先着地，应该是前脚掌先着地，充分地发挥脚部的弹性，这样能够做好身体的缓冲准备，减少在落地时候的阻力。脚的后脚要舒展，落地时不要太猛，这样能够减轻脚的负担，又能有效地防止扭伤，同时也要掌握正确的健走方法和技术，科学地制订每天的健走路程和时间，我妈妈一般都是健走半个小时左右。

在教完妈妈之后，我就让我妈自己健走了，我自己开始了我的健走计划。我还是想保持了直行向前走的步伐和节奏，健走 40 分钟，中途有一个短暂的休息，不过当我健走了 20 分钟之后，我发现自己的体力还能够坚持，于是我就没有休息，又接着健走了 20 分钟，结束的时候，身体也没有感觉到很累，虽然呼吸量大了一些，但总体还是吃得消的。

健走的第五天，我明显觉得自己的身体和心理有了很大的改变，身体状况变得好了起来，心里对于自己也有了更清楚的认识。

2015 年 2 月 21 日：健走第六天

早上我也是按照以往的节奏和步伐健走，也坚持了 40 分钟。

傍晚的时候，我感觉到我妈的身体有点不舒服，但是她还是坚持跟我去健走，她说她感觉这几天身体舒服多了，以前晚上入睡总是很困难，而且睡眠很浅，睡眠质量也不是很好，但是在健走之后，入睡总是很快，而且睡眠质量也很好。

我问我妈是不是感冒了，她说好像有一点，她说昨晚健走之后回到家感觉身体都在出汗，很热，就把外套脱了，今天早上起来就有点咳嗽，嗓子不舒服，全身也没有什么力气。感冒是一种最常见的呼吸道感染性疾病，大多呈现自限性，发生率比起其他疾病高，医学上又称“上呼吸道感染”，是包括鼻腔、咽喉部急性炎症的总称。感冒其实是一组疾病，包括咽炎、喉炎等病症。感冒的起因大多是由病毒引起的，病情突发的时间较快，比如天气突变、身体受凉、突然淋雨，或者身体的过度疲劳等因素都会突然使原本存在于上呼吸道的病菌或者从外界侵入的病毒或者细菌迅速繁殖，迅速侵入体内，诱发感冒的发生。

我妈大概就属于身体受凉或者过度疲劳的一种，而且本来中老年人的身体状况就不大好，免疫功能低下，同时还患有高血压，最容易患感冒了，我妈感冒的症状主要表现在鼻部，打喷嚏、鼻塞，并且流清水鼻涕，也表现在咽喉部，比如咳嗽、咽喉干、咽喉痒或者有一种灼热感，全身会发热无力。我就跟她说，健走是为了锻炼身体，而感冒对身体的抵抗力有所损害，这样是不值得的。因此，我们在户外健走时，应该知道如何预防感冒，掌握一些预防感冒的知识。

最根本的预防感冒的方法就是增强自我保护意识，特别是那些容易患感冒的弱势群体，更应该注意感冒的预防。预防感冒要从一点一滴的细节做起，脑子里要有预防感冒的意识，而且预防感冒也不是一朝一夕的事情，要时时刻刻都有预防意识，而且感冒的预防可以穿插在衣食住行各个方面。

我跟我妈说，保暖是预防感冒最基本的方法。每次去户外健走，一定要提前了解户外的天气，并且针对天气的变化及时地添加或减少衣服，在冬季和春天的时候，因为室内外的温差比较大，要注意协调室内和户外的温差。在健走的时候，不要穿过少的衣服，也不要过度地穿很厚的棉衣，这样就可以提高身体的耐寒抗冻的能力；在户外健走出了大量的汗之后，不要着急在户外脱衣服，就能够有效地避免伤风感冒，特别是在温差较大的季节，早上和晚上要多穿衣服以防感冒。

我嘱咐我妈在早晨出门健走之前，立刻把门和窗都打开，使室内的空气流通透气，至少要开 30 分钟及以上，让感冒的病毒和病菌随着空气流动排到室外。在清晨出门健走之前，用冷水洗脸，每天早晨用冷水洗脸，可以增强面部的血液循环，提高耐寒抗冻的能力，有助于提高身体的抵抗力，预防感冒的发生，长期坚持用冷水洗脸，能够增强面部肌肉的适应性，这样在冬季和春季出去健走的时候，就不会感觉到不适应。

在室外健走的时候，尽量避免到人群聚集的公园，这样就能减少感冒病毒病菌传播的机会，也要少去一些公共场所，在户外健走时遇患有感冒症状的人，尽量少接触，在他们打喷嚏的时候，尽量远离或者转过身子去，不要被病毒病菌干扰。

在做健走之前的准备运动时，要先集中注意力，保持身体的直立，两脚保持与肩膀同样的宽度，双手伸直自然下垂，连续深呼吸 10 次左右，这样能够有效地排出体内有毒的细菌。

而在健走的过程中，时刻搓手也可以预防感冒。因为手拇指根部的肌肉很丰富，而且与呼吸器官关系十分密切，在健走的时候同时搓手，能够有效地改善容易感冒的体质。一般方法只要两只手互相搓手拇指的根部，直到搓热为止，这样可以促进血液的循环，增强身体的新陈代谢的功能，所以能够增强人体的免疫力，能够有效地预防感冒。按摩鼻翼也可以有效地预防感冒。在健走的过程中，两只手微微握拳，用屈曲的拇指背面上下往返按摩鼻翼的两侧，上下各按摩 30 次左右，鼻子略微发红发热就可以停止，这样一方面能够改善鼻部的血液循环，促进鼻黏膜细胞分泌，将感冒病毒病菌等有害的物质排出到体外，从而有效地预防和治疗感冒。

也可以适当地服用一些药物。医学杂志研究证明，维生素 E 能够有效地提高人体的免疫功能，对于预防感冒有很大的好处。当感冒的前兆来临的时候，要及时服用感冒茶和感冒药，就能够有效地预防感冒。不过，药物不可以滥用，一旦滥用就会引起抵抗力的下降，导致感冒病情的加重。

同时，我还给我妈留了一些食疗秘方，也是有效预防感冒的，因为我妈是一个比较怕麻烦的人，所以我不想给她留各种很难完成的或者要花费很多时间和精力去完成的事情，而吃是每个人生活中最基本的活动，而预防感冒也可以通过这个最基本的方法，也就是所谓的饮食均衡法，只要在平时多注意日常的饮食习惯，就能够有效地预防感冒。

第一种是生姜疗法。感冒一般都是因为外部感染风寒而导致的，伴有头痛、鼻塞、流鼻涕以及全身性的关节酸痛等症状，甚至还伴有发热、怕冷的症状，遇到这种情况，可以用生姜煮汤，每天喝 1 ～ 2 次，不仅可以暖和身体，还能够有效地预防感冒。国外的医学研究表明，生姜有利于驱赶感冒病毒，止咳化痰，能够促使感冒早一点痊愈。一般用法是用少量的红糖或者白糖冲生姜煮汤喝，在睡觉前使用，能够有效预防感冒。同时，大蒜跟生姜也有相同的功效，能够增强人体的免疫力。

第二种是食醋疗法。食醋能够消灭潜伏在鼻部和咽喉处的感冒病毒，对于治疗感冒和流行性感冒有很好的疗效，尤其是在感冒初期，有最佳的疗效。有一种叫作米醋滴鼻法，就是在流感多发的季节，用一半的食醋和一半的冷开水兑起来，配置成溶液，装入滴鼻用的空瓶内，在每侧鼻孔滴入 2 ～ 3 滴，每天滴 4 ～ 6 次，就能够有效地杀死鼻腔内的病毒，能够有效地预防感冒。还有一种叫作食醋熏蒸法，这种方法是用在室内的，一般用法是把 100 克食醋放在火炉上熏蒸，熏蒸到 15 ～ 20 分钟，不仅能够有效地杀除室内的病毒，有效地防治感冒发生，保障身体的健康，而且能够使室内有一股香味，每天最好用食醋熏蒸 1 ～ 2 次。

第三种是萝卜食疗法。多吃萝卜对于预防感冒有独特作用，因为萝卜中含有丰富的萝卜素。一般的做法就是把萝卜切碎，压出半杯的萝卜汁，同时把少量生姜榨出姜汁，把萝卜汁和姜汁混合在一起，加一点蜂蜜，搅拌均匀后服用，连服两天，每天三次，就能够起到清热、解毒、祛寒和治疗感冒的作用。蜂蜜对预防感冒也有很好的作用，因为蜂蜜中含有多种丰富的生物活性的物质，能够提高人体的免疫功能，可以有效地治疗和预防感冒及其他病毒性疾病。

第四种是鸡汤滋补法。实验证明，多喝鸡汤能够对于保护呼吸道，畅通呼吸道，清除呼吸道的病毒，加速感冒的痊愈有很大的作用。鸡汤中含有丰富的蛋白质、维生素和少量的矿物质，还有人体所必需的多种氨基酸，能够增强人体抵抗感冒病毒的能力，能够有效地抑制咽喉和呼吸道的炎症，也能够有效地治疗由感冒引起的鼻塞、流鼻涕、咳嗽和咽喉痛等各种症状，而对于那些因为感冒而导致味觉缺失的人，清淡的鸡汤能够更好地对抗感冒，而且鸡汤中还含有某种特殊的化学物质，能够增强体内的血液循环和鼻腔液分泌的作用。

第五种是大量饮水法。嗓子发干就容易上火，上火就容易感冒。多喝水，适当的水分能够稀释血液中的病菌病毒，从而加速病毒向外排出，促进身体免疫功能的正常发挥。

晚上，我在准备我的行李，我要准备去上班了，在经过了将近一个星期的健走之后，我发现自己的体重下降了，大概减了 5 斤，相当于每天 1 斤的程度。我爸跟我说，希望我保持这个健走的习惯，因为他觉得女孩子瘦瘦的比较好，而且他看我这几天的脸色比刚回来那几天好多了。

2015 年 2 月 22 日：健走第七天

上班的日子又来了，我的工作是要求早上八点钟上班，按照我在家的习惯，如果六点半起床，洗漱完大概 7 点钟，走大约 40 分钟的话，去上班会有点赶。而且我住的地方离我的公司，平时如果坐公交车大概 10 分钟，堵的话大概就 15 分钟，而且我住的地方没有适合健走的区域，因为大部分都是马路，车辆来来往往很多，所以，我要调整我的健走计划了。

首先，我把起床的时间提前了半个小时，每天早晨六点钟起床，洗漱半个小时左右，再健走 40 分钟，时间还是很充裕的，还能吃个早餐；其次，健走的地方我就选择了我住的地方到我公司的路上，也就是一般的人行道和机动车道，虽然早晨的机动车比较多，但是相对而言是比较安全的。这样我就能够免去每天挤公交车的痛苦，又坚持了这个健走的好习惯。

在早餐后健走上班，能够加快肠胃的消化和食物的吸收，帮助新陈代谢系统维持正常的运转工作，从而保持良好的身姿和体型，同时健走能够让我的一天都保持着丰富的体力，提高我的工作效率。

在上班的路程中，我还是保持我的直行向前走，因为要赶时间去上班，因此不能够耗费太多时间在路上。直行向前走是健走运动方式中最为普通的一种，它属于一种低投入的有氧运动，能够促使心脏的功能强大，输送更多的血液到体内的各个组织，从而能促进体内各种防护细胞和免疫细胞的积极运作，同时，每天健走 40 分钟，提高我的抗感冒能力，增强了身体免疫力，使我的精力充沛，提高了我的工作效率。

一般在向前直行走之前，我都会先放松地走路十分钟左右，做一个身体的基本热身，热身的方式大概就是双臂来回摆动，活动活动肩膀和脚踝，然后试着深呼吸几次，会稍微出一点汗，再进行向前直行走，能够得到不错的效果。向前直行走大约 20 分钟之后，可以有适当的放松运动，脚步慢慢放慢，放慢走 2 ~ 3 分钟，然后做一些伸展运动，舒展背部、腰部和腿部的运动，然后再向前直行走大约走 20 分钟。整个健走过程就算完成了。

下班的时候，时间就比较充裕了，所以我决定开始尝试一些不同方式的健走运动。比如我之前在网络上看到的，很流行的健走方式——倒着走。倒着走，又称“后退走”或“后退行”，是一种反常规的运动，与原来人们运动顺序相反的运动，它消耗了比散步和慢跑要多得多的能力，对腰臀和腿部肌肉有明显的锻炼效果。因为运用了与之前完全相反的行走方式，所以具备了其他运动方式所不具备的特殊功能，是一种很好的运动锻炼方式，是一种有益的健身方法，而且下班后运动的地方可以选择在小区或者公园，环境的安全问题能够得到保证。

下班后，我先回了家，在家吃了晚饭之后，就走了大概 10 分钟的路，去了住宅旁边的公园，那里很安静，而且依山傍水，空气很好，我就选择这里当作我每天傍晚健走的区域了。

“倒着走”主要是以连续向后退步走为最主要的动作，它的基本要领是：倒着走时，膝盖不要成弯曲的形状，步子要均匀，步调要缓慢，双手握成拳状，上臂、下臂轻轻地向前后摆动，头要抬起，胸挺直，呼吸要有规律，走几步就要深呼吸一次，每次最好坚持走 400 步，如此坚持一段时间就能够收到意想不到的成效。

“倒着走”需要腰部力量挺直或略微向后仰，这时候的脊椎和腰部、背部的肌肉会承受着比平时向前走更大的重力，使平时向前行走得不到充分活动的脊椎和背部肌肉都得到了很好的锻炼，有利于疏通调顺气血。像我这种，平时的工作在办公室，采用“倒着走”的方法，能够消除工作产生的疲劳以及腰酸背痛，长期坚持“倒着走”，对腰部疼痛有明显的治疗作用，能够减轻甚至防治腰椎、肩周、颈椎等疼痛。

因为是第一次倒着走，难免有些不习惯，看不到后面的视线，我心里也感觉怕怕的，生怕自己会摔倒，因此我的步伐很慢，而且总是走走停停，感觉没有达到平时健走的效果。我觉得要好好锻炼倒着走的能力。

今天第一天上班，刚到办公室的时候，我就已经感觉到公司同事和上司的眼光有一点点的不同，因为这七天的时间里，我又瘦了五六斤，整个人跟以前的感觉不大一样了，人也有活力了，工作的时候也总是精力充沛，完成效率也很高，我感觉上司对我的态度缓和了一些，虽然我主要的工作还是处理一些琐碎的事情，但是明显感觉自己的作用大了，而且身边的同事也都在夸我变得漂亮了，精神了。

2015 年 2 月 23 日：健走第八天

早上的健走我还是坚持向前直行走，也是出于安全和时间的考虑。我比较在意的是傍晚的健走，我觉得倒着走对我的身体是有很大的好处的，可是我还不能很好地掌握倒着走的技巧，所以不能得到很好的成效，因此我要加强倒着走的练习。

“倒着走”动作的基本要领是：倒着走时，膝盖不要成弯曲的形状，步子要均匀，步调要缓慢，双手握成拳状，上臂、下臂轻轻地向前后摆动，头要抬起，胸挺直，呼吸要有规律，走几步就要深呼吸一次，每次最好坚持走 400 步。

今天的感觉要比昨天稍微熟练一点，能比以前坚持的时间更久，而且也感觉到自己的肌肉有酸痛的感觉，我相信倒着走已经慢慢在产生效果。这几天，我的作息习惯也慢慢地恢复了正常，一般健走结束之后，回到家洗个热水澡，然后躺在床上休闲地看个电视，大概到 10 点钟，睡意就自己来了。

同时，我在平时也注意配合着良好的饮食习惯，我每天的饮食都很注意蔬菜等维生素的食用，也会注意蛋白质的适量摄入。我明显的感觉自己跟以前不一样了，无论是身体的变化还是心态的变化。

事情，一定在变得好起来。

2015年2月24日：健走第九天

中午休息的时候，我打了个电话给我妈妈，问她这几天的情况，她在电话里很开心地跟我说，她很喜欢我教给她的拍打走的方式，虽然刚开始一两天，因为不知道拍打的力度应该怎么掌握，所以身体的各个部位会有一点痛和不适应，过了一两天，也慢慢抓到了拍打的诀窍，第一天拍打的时候，明显感觉到身体跟往常有一点不一样，而且她觉得这种方法很方便，随时随地都能够进行，哪怕下雨天不方便出门也能够拍打全身。

拍打运动能够增强身体的免疫力，因为它属于按摩法的一种，它通过手掌与全身各部位的肌肉相互接触，产生一种力量的对冲，能够活络胫骨、强筋壮骨、活动关节，还能够使肌肉发达，有良好的弹性，同时还能促进血液循环，增强人体内新陈代谢的能力，提高人体抵抗疾病的能力，从而真正地起到强身健体，固本扶正，并且延缓衰老的巨大作用。

我妈一般在健走的时候会选择拍打肩部和上下肢，拍打能够产生不定量的震动波纹，传到肩部肌肉的深处，就能够促进肩膀周围的血液循环，消除肩膀肌肉因为长期的不正确坐姿而产生的紧张和酸痛，使整个手臂的关节，特别是肩膀处、手肘处、手腕处还有膝盖处都能够得到恰当的放松，增加体内血管的柔韧性和灵活性，有利于治疗和预防肩膀酸痛、肩周炎以及肩部肌肉劳损、颈椎病和关节炎，而上下肢含有重要的运动神经和肌肉，因此拍打上下肢能够增强体内的新陈代谢功能，能够预防或缓解上下肢肌肉发育不良、上下肢麻木、肢端发绀及半身不遂等问题，而且能够防治老年型的上下肢麻木，对于治疗瘫痪的肢体有很大的作用。

最重要的是，我妈乐滋滋地说，昨天下雨，她的肩周炎没有发作，没有像以前一样那么痛了，甚至都不痛了。我在电话里听得挺开心的，真为妈妈感到高兴，挂电话之前，我嘱咐她，拍打时全身上下都要自然的放松，以保证呼吸是通畅有序的，而且拍打身体要做到先轻后重，先慢后快，掌握好一定的节奏，要循序渐进，不可急于求成，也不能随意胡乱地拍，不能这里一下那里一下，像是随意摆动，这样根本就没有任何的意义了。

而相对于我自己，倒着走的练习已经很熟悉了，下班的时候，我像往常一样先坐公交车回家，看了看书，吃了晚饭大约半个小时之后就走到公寓旁边的公园。虽然倒着走在室内室外都可以进行，但是在人多车多的地方会有交通事故的危险，而且不适合在低洼不平的地面上倒着走，很容易摔倒，而这个公园都会有护栏，而且在这个时候人又不多，很大一部分又在河边散步，所以小路上人很少，我可以肆无忌惮地倒着走，而且最近我也是找到了倒着走的感觉，膝盖不要成弯曲的形状，步子要均匀，步调要缓慢，双手握成拳状，上臂、下臂轻轻地向前后摆动，头要抬起，胸挺直，呼吸要有规律，走几步就要深呼吸一次，所以一路上都很轻松，也感觉到自己的身体在燃烧，因为“倒着走”是健走的一种方式，肯定是一种锻炼，自然就有了运动减肥的良好效果，“倒着走”要求人们必须昂首、挺胸、收腹、提臀，可以有效地消耗腰部和臀部的脂肪，“倒着走”调节了平时顺着走用不到的肌肉，活动了全身的经脉，使全身的血液循环都得到了很好的改善，所以我觉得我的身体在慢慢发生变化。

不过这几天，我也发现了“倒着走”需要注意很多东西，因为“倒着走”有一定的难度和风险，如果不采取正确的方法和技巧，就会取得适得其反的效果，因此我在进行“倒着走”的健走方式之前，事先了解和掌握了必要的专业知识，比如正确的倒走方法和技巧是什么样的，比如倒走时适合穿的鞋子是什么样的。

在“倒着走”的时候，全身要放松，身体处于直立的状态，胸部和腰部都要挺直，双腿要用力挺直，膝盖不能呈弯曲的状态，然后双手双臂前后自由摆动，走起来身体中有一种全身轻松的快感，能够感受到骨骼正在运动。着地的时候，脚尖要虚着地，主要是依靠踝关节和足跟骨用力，只有这样才能够增加了膝关节和股肌承受重力的强度，才能够使膝关节周围的肌肉、韧带、股肌都得到充分的锻炼。

最重要的是，倒着走的时候要特别留意运动的方向，因为与平时的运动方向相反，我一般都是每倒走 50 米就往后看一次，路线一旦过长会产生疲惫感，过短则达不到健走的效果，保证身后的路线在你的视线范围内。虽然一开始并不适应，经过这几天的坚持，我对空间的感知能力增强了，也提高保持平衡的能力，同时也提高了我的反应能力和协调能力。

以前没有想到健走会对我的生活产生这么大的影响，它只是一种简单的运动方式，我相信这项健走运动方式变得越来越好。

2015 年 2 月 25 日：健走第十天

我在上下班的时候，已经抓紧时间在健走了，可是感觉自己的运动量还不够，不能够利用生活中更多的碎片时间，于是我就在想怎么样才能够使我的一天都得到锻炼。我慢慢发现在公司里，我有很多的碎片时间，但是因为太琐碎，都是在不知不觉中就浪费了。

我慢慢地查找很多资料，也慢慢摸索在公司的碎片时间里该怎么健走，我想过不总是一成不变地坐在办公桌的前面，每隔一段时间，眼睛和身体都需要适量的放松，在连续工作了一个小时之后，就站起来活动活动，健走健走，我觉得这样能够促进自己身体各部位的血液循环，缓解疲劳。但是这种方式的效果并不明显，于是我想把健走运用到公司里。

我想到的第一种方式是——横着走。我的公司范围并不大，哪怕是规模很大的公司，从办公桌到休息室的路程也不会很远，如果用普通的直行向前走的方式，因为时间太短而不能得到很好的锻炼，而“横着走”因为与平时的运动方向相反，所以能够有很大的成效。

横着走，也就是朝着左手或者右手的方向走，也是一种反常规的运动，属于一种非自然的运动方式，因为与先前的运动方式不一样，所以它会消耗比直行向前走更多的精力和体力，同时具备了其他运动方式所不具备的特殊功能，是一种很好的运动锻炼方式，是一种有益的健身方法。

横着走的时候，要高度集中注意力，以防摔倒或者撞到人。横着走的时候，要求昂首、挺胸、收腹、提臀，可以有效地消耗腰部和臀部的脂肪，同时锻炼了平时直行向前走用不到的肌肉和体内的组织，活动了全身的经脉，使全身的血液循环都得到了很好的改善，促进人体肠胃的蠕动，帮助消化。

因为横着走的时候视线不在正前方，所以需要高度的注意力，因此横着走能够活动大脑的思维，提高大脑的认知能力，能够有效地防止老年痴呆症。

我在横着走的时候，也想到了第二种健走的方式——变速走。我的工作成天都坐在办公室，缺乏大块时间去运动，而我一般的坐姿都不大正确，我在工作一段时间后发现自己有驼背的问题，所以很着急。而变速走能够在最短的时间和最短的距离内，增大运动负荷，实现每天的运动目标。

变速走，顾名思义，就是在健走的整个过程，每隔一段路程就使用不同的速度，时快时慢。变速走这项运动的适合对象是耐力不足够但又想坚持运动的人，或者忙碌的上班族在上班期间进行的健走锻炼，因为变速走能够在短时间内达到运动量的最大负荷，对于减肥或者健身都有明显的好处，所以对我很有效果。

走走停停的变速走在体能和精力的消耗上十分巨大，十分适合缺少时间的我，尤其在变速走的快走部分，它的强度几乎可以与慢跑基本持平，但因为是走，所以所受的冲击要小于慢跑，比慢跑安全，但它的效果要高于单纯的健走。

一般进行变速走运动，有三种最基本的方法，分别是“慢长，快短”“慢快相等”和“慢短，快长”。其中最受医生和生理学家推荐的是第三种——“慢短，快长”的运动方式，因为这种运动方式所需要的运动量大，消耗的体能最多。我在公司的时候，因为有一些很零碎的时间片段，所以我后来在这些零碎的片段里，都进行变速走，比如离开办公桌去厕所的时候，先慢走 60 步，再快走 40 步的方法，然后折回的时候用先慢走 50 步，再快走 50 步的方法，在所有零碎的时间里都变速走，这样就会使腿部得到很大的锻炼。

变速走的好处很多，除了能够对人体的柔韧性产生良好的影响，而且有利于提高心血管系统的供血功能。特别是在变速走的快走阶段，呼吸频率和深度明显比平时的健走增加了很多，十分有助于加大体内的肺活量，从而促进全身的氧气循环，使身体处于一个健康的状态，这样才会有充足的精力去继续一天的工作，还能够促进脑部神经的兴奋感，提高工作效率。

今天下班的时候，公司的一个男同事突然问我要不要一起坐公交回去，同事曾经跟我同一组工作，但当时他对我都不理不睬的，我也不在意，后来有一次发现我们住同一个小区，不过他迅速转头当作看不见我，我也只好当作没有看见，所以今天他突然说要跟我一起回家，我猜他也许有事要拜托我帮忙，就答应了。

在公交车上，男同事先是夸奖了我一番，说我最近好像比之前瘦了很多，而且整个人都很有活力的样子，他问我是不是在恋爱，我连忙摆摆手，连连说不是，我解释自己是在坚持锻炼，而且锻炼很有效果。男同事默默地点点头，然后声音很轻地说："以后能够多接触吗？我很喜欢你。"

窗外的夕阳已经慢慢落下了，但是有这么一束温暖的光线从窗户的缝隙照到了我的身上，一种温暖、向上的幸福感油然而生。

2015年2月26日：健走第十一天

早晨的健走，跟以往的都一样。健走就好像成为我生命中的一种习惯，已经慢慢渗透到我的每一天的生活里，而晚餐后的健走，因为足够自由，所以我总是探索出各种各样的方式，既达到了锻炼的目的，又让自己的生活变得多姿多彩。

男同事在傍晚的时候又约我一起回家，我答应了。下班的时候，他说对不起，他有一个临时的会议要开，问我是否介意在楼下等他10分钟，我说没关系，然后我就在楼下的公交车站牌处站着，10分钟的时间不长，不过我在10分钟里想了很多，生活中有很多事件是我们无法预料到的，就像今天男同事突然临时要开会，这10分钟的时间是不在我的预料之内的，所以我在平时的生活中，总是花了很长的时间去等待。

而在这些时间里，我们又没有办法去做事情，因为它是不确定的，于是我就在想，我应该怎么样利用这些时间做一些有意义的事情呢，当我看到男同事快速地往我这边走过来的时候，我突然有了好主意，没错，就是——健走。健走就是有各种各样的形式来钻时间的空子，让所有的时间都为健走服务，低投入就会有高回报，一点点时间的付出就能够得到一副健康的身体，何乐而不为呢？

日常等车、等人的时候，所具备的空间条件十分有限，不像在公园或者专门健走的地方，有足够的空间，所以我们要好好考虑该如何健走，我回家之后，上网查了很多资料，也慢慢摸索出了一些想法，我也找到了适合在日常等车、等人的时候，适合健走的方式。

第一种是——“S”形走，所谓的“S”形走，就是走路的路程是一个“S”的形状，也就是说健走时只需要一个“S”形状的地方，在公交车站牌处，在店面前的空地处都可以做到。

“S 形走”作为一种全身性的运动，可以将全身上下大部分的肌肉和骨骼都动起来，从而增强人体内部的新陈代谢活动，增强小脑的平衡性，同时可以使大脑皮层有兴奋的感觉，从而能消除疲劳、清醒头脑，调节精神。“S 形走”更能收缩腹部的肌肉，加强肌肉上下运动，而且使肠胃的运动更加灵活，加强了消化系统的作用，促进血液循环，使全身肌肉达到平衡发展的状态，而内部的血液和器官都达到平衡，提高人体本身的平衡能力。

对于我这种上班族来说，走“S”形最恰当不过，因为平时缺少必要的体育锻炼，身体状况不能适应高强度的运动，不宜走得过快，而走“S形”能够使步伐得到很大的缓冲，又不影响健走的质量和数量。

在“S 形走”的时候，路程是弯曲的，当步子迈开，胳膊用力地甩开，全身的肌肉都得到活动，全身上下的器官都能够得到很好的调节，也能很好地促进新陈代谢。

第二种是——绕圈走。

绕圈走，顾名思义，就是走一个小圈，以 7 ～ 9 步走完一圈为最佳。在运动中，最好以每 15 ～ 20 分钟换一次方向，再继续走圈，大约走 30 分钟就稍微休息，然后再继续新一轮的绕圈走。

绕圈走的方法一般是设想平坦的地面上有一个半径为一米左右的圆圈，所需要的空间条件十分简单而且实际。绕圈走的时候，双臂要自然地在身体两侧伸直，先是顺时针方向走 15 圈，再反方向走 15 圈，来回替换，大约绕圈走 30 分钟即可。休息时，先保持站立的姿势，抬起双臂，一只手掌在上，不要超过头顶，一只手掌与肚脐眼儿的位置平齐，安静 2 ~ 3 分钟，再更换左右手的方向。双臂感到疲惫的时候，就放手臂力量放松，自然下垂。

绕圈走的基本动作要领分为腿、手和头三部分，下面就以顺时针作为例子来介绍一下三部分的动作要领。首先，头部要昂首，以视线的水平线稍微往上，每隔一段时间往左往右微微转头；其次，手形部分，手肘要屈起，手臂要向外撑开，四根手指自然分开成最大的状态，放下时呈自然下垂的状态，行走时指尖相对，大概相距 10 厘米，放在胯部的位置；再者，腿的部位，左脚的脚尖要笔直地向前方迈出，通过腰部的力量提起右脚，沿着左脚的内侧慢慢迈出，然后右脚慢慢向内形成扣步，划出一个角度，从而使人能在笔直站立的情况下完成一项绕圈动作。一圈完成后，两只膝盖要微微屈起靠拢，双肩自然下垂。

不过在绕圈走的时候，有需要特别注意一些特殊事项，就是速度不能过快，要保持自己的节奏，也不能太慢，太慢没有成效。其次，绕走数圈之后一定要换方向，不然身体会有一边偏的危险；再者，绕圈走时眼睛不要到处看，一是要练习眼睛的定力，二是如果到处看会加重头晕的现象。

今天，在工作的休息时间，有不少女同事都来找我，都是先随便闲扯几句家常，有的没的说一些，慢慢都回到正题上，她们都很好奇我在这 10 天是怎么瘦的，问我有什么秘方，吃什么东西最好。我心里很开心，我觉得我这几天的坚持都得到了回报，我就跟公司的女同事介绍了健走这项运动，也希望她们坚持锻炼，就能有意想不到的收获。

2015年2月27日：健走第十二天

前几天，公司主管说这几天要开很多会，要讨论出好几个营销方案。于是，这几天睡觉前，我都在想，一旦进入了开会模式，我就没有很多的碎片时间去进行健走，去横着走，变速走了，因此我就一直在想着要怎么样在会议期间进行健走呢。

每次的会议，没有一个小时根本不会有休息，而一个小时的时间都保持在一张椅子上，保持一个姿势，脚会很酸，腰部会有酸痛的现象，而且脊椎也会受到挤压，比坐在办公桌面前的伤害要大多了，因此找出在会议期间的健走方式是很重要的。

我查了很多资料，也在网上问了很有健走经验的人，也搜索到了适合的方式。一般在去参加会议的过程中，我是需要更换楼层的，我们工作的地方在8楼，开会的地点在11楼，所以我能够利用这3层楼的距离进行健走，达到锻炼的目的。

而在会议室里面，因为正在进行会议，不能够经常性起身活动筋骨，所以我一般都是往后仰，伸个大懒腰，活动活动手腕和脚腕，然后分个神，往窗外瞥几眼，这样虽然对放松压力有一定的好处，但是成效不高。

在参加会议期间，虽然处在一个狭小的办公区域里，只坐在椅子上，但是可以利用手部和腿部都可以处于一个凌空的状态，来做健走的运动。首先，腰腹部处于一个凌空的状态，小腹收起，提臀，双眼平视前方，肩膀要放松，双腿并拢，手部要求上臂弯曲90度，双手保持半握拳姿势，上肢上下摆动，向上时手指与肩膀相平，向下时手指贴到裤子的中线，同时腹部微微扭动，同时两只脚抬起来，先旋转双脚用来活动踝关节，然后微微屈起，右脚先往上，再左脚往上，像是做一个凌空踏自行车的形状，两只脚要相互交替着向上，最高能够推到胸部的位置，人体的重心要假装由脚后跟过渡到脚尖，然后再回到脚后跟，然后来回循环，每一步都用脚趾发力蹬离地面，同时，我还能够配合着做提肛运动，也就是在吸气的时候稍稍用力收缩肛门，把屁股向上提起，呼气的时候要处于一个自然放松的状态。

还有一种方式也很有效，就是在保持脚部在凌空健走的姿势，双手进行摩腹运动。摩腹主要是指对腹部进行有规律的特定按摩的自我按摩方法，在坐着的时候，呼吸要自然，双手自然垂下，伸开手掌放在肚子上，大致按照先用右掌心贴附在肚脐的部位，左手叠于右手背上，按顺时针方向按摩，由肚脐部逐渐扩大到全腹，然后逐渐缩小按摩范围，回到肚脐部。大约按摩了 36 圈之后，然后逆时针方向按同样的方法由小到大按摩 36 圈，慢慢回到最开始的状态，整个过程大约只需要 8 分钟左右，是一种非常适合参加会议的上班族使用的锻炼形式，这样有助于缓解参加会议产生的疲劳，防治头痛、眼睛痛以及头脑眩晕等症状。

我有时候还蛮佩服自己，能够把健走这项运动完全地融合到我的工作和生活中，健走带给我的改变又让我相信，付出是有回报的。在公司里，上司对我的态度有了很大的转变，他开始给我一些重要的工作任务，在我任务开始之前，他还会淡淡地给我一些鼓励。如果我做得不好，他不会像以前直接骂我，而是慢慢地跟我分析出错的原因，然后帮助我找到解决的方法。

2015 年 2 月 28 日：健走第十三天

在我进行健走这项运动之前，我的体重是 135 斤，而我的身高是一米六，这样的身材比例看起来很胖，就像是一个胖球，整个看起来圆滚滚的。

今天早上起床的时候，特意称了称自己的体重，现在是 120 斤，在 13 天的时间里，我瘦了 15 斤，整个人看起来没有原来那么胖，但是肚子上和大腿上还是有很多的赘肉。

健走是一项需要坚持的运动，它的成效很大，但是我想要更大的成效，所以我就特别地想要更明显的成效，我希望能瘦到 110 斤左右，符合标准身材的范围。于是，我通过各种查找资料，以及向有经验的人询问，终于找到了两种适合我的方法。

一种是拍打走，健走的时候拍打腰腹部。腰腹部又是最容易堆积脂肪的地方，容易产生赘肉和啤酒肚，因此拍打腰腹部，能够刺激腰部和腹部的皮肤和皮下组织，促使腰腹部的血液循环加快，加快胆固醇的分解，促使腰部的赘肉逐渐消失，塑造一个完美的身体，同时也能缓解长久不良坐姿引起的腰腹痛，使身体保持一个健康的状态。

方法很简单。站立时，眼睛要平视前方，与双眼持平，全身的肌肉要处于一个放松的状态，肩膀自然地下垂，双手呈现半握拳的姿势或者呈手掌伸平的状态，腰部保持左右转动，随着腰部的左右转动，双手依次甩动，当腰部向右摆动的时候，用左上肢带动左手掌向右腰处和右腹部拍打，当腰向左摆动的时候，用右上肢带动右手掌向左腰处和左腹部拍打，如此左右反复拍打，每只手拍打 200 次左右。

另一种是——摩腹走。摩腹走的减肥效果最显著。

摩腹主要是指对腹部进行有规律的特定按摩的自我按摩方法。摩腹之所以能够有不错的成效，是因为腹部是气血生化的地方，摩腹既可以健脾助运，可以直接防治脾胃的各种疾病，又可培养元气，使体内的气血生化机能旺盛，从而起到防治全身疾病的作用。

摩腹的大致方法是，在坐着、躺着或者站立行走时，全身放松，呼吸要自然，双手自然垂下，伸开手掌放在肚子上，男性要用左手掌贴住肚子，右手放到左手上面；而女性则相反，右手贴住肚子，左手放到右手上面，这大概就遵循了“男左女右”的说法，然后以肚脐眼儿为重心，两只手绕着肚脐眼儿，男性先由小到大地按照顺时针方向做螺旋式按摩，最小的一圈，双手紧紧贴住肚脐眼儿，最大的一圈，上下可以达到肋骨和盆骨处，大约按摩了 36 圈之后，然后逆时针方向由大到小按摩 36 圈，慢慢回到最开始的状态。女性则相反，先由大到小地按照逆时针方向做螺旋式按摩，最小的一圈，双手紧紧贴住肚脐眼儿，最大的一圈，上下可以达到肋骨和盆骨处，大约按摩了 36 圈之后，然后顺时针方向由小到大按摩 36 圈，慢慢回到最开始的状态。整个过程大约需要 8 分钟左右。

而现在对于“男左女右”的说法没有过多的规定，现代社会并没有十分关注“男左女右”的风俗，因此左右手不必太在意，只要遵循正确的方法即可。摩腹可以随时随地的进行，不受时间、地点的任何限制，隔着衣服也能够做到。先放松全身的肌肉，然后大致按照先用右掌心贴附在肚脐的部位，左手叠于右手背上，按顺时针方向按摩，由肚脐部逐渐扩大到全腹，然后逐渐缩小按摩范围，回到肚脐部。

摩腹走真的是一项对于女性减肥有很大帮助的健走方式。

摩腹是一项十分具有中华民族特色的中医养生学的内容之一，它除了简便的特点之外，还能够增强身体的体质，预防各种常见疾病，还能够增长寿命，而最显著的效果当然是表现在减肥这件现代女性十分在意的事情上。因为在推摩腹部的时候，能够将腹部堆积的食物慢慢地糅合，促进消化，由于现代社会的食物大多属于高油脂的食物，每次都会有大量的胆固醇食物堆积在胃里，而很难消化，常常造成消化不良，胃胀气，肠胃胀痛、血瘀不畅等病状，容易产生赘肉，啤酒肚、游泳圈因此产生，而摩腹能够使腹部的皮肤和皮下组织产生刺激，促使腰腹部的血液循环加快，加快胆固醇的分解，促使腰部的赘肉逐渐消失，塑造一个完美的身体。

摩腹是清除体内毒素十分有效的方法。因为人的体内存在着大量的细菌，进行自我发酵，自我腐败，然后产生有害的物质，腐蚀人体内的器官和组织，促使人衰老和疾病。

摩腹能够健脾开胃，强健脾胃，保健养生。坚持每天摩腹，在配合健康的饮食习惯的情况下，对于肠胃有疾病的人来说能够收到明显的治疗效果，尤其对于肠胃不好的成年来说，轻手法的摩腹对于其肠胃来说是十分好的治疗方法，而对于健康的人来说，则能够疏通全身的经络，调气和血，使肠胃有很好的舒服感。

当然每一项健走方式都有它需要注意的地方，不可盲目从之，要在摩腹走之前先了解它的注意事项。

摩腹不可以在“过饱”或者“过饥”的时候进行，而且最好在排空小便之后，只有这样才能有养生的效果。

两只手相叠要适当地掌握力度，手法要尽量柔软，摩腹的位置只要是以肚脐为中心的腹部，范围向上可以至肋骨处，向下至小腹处，一般都是按照肠道顺通的方式进行，即顺时针的方向，每次摩腹的时间应控制在10 分钟左右，要稍作休息才能够进行下一次摩腹。

现代医学认为腹部推摩可使胃肠及腹部肌肉强健促进血液及淋巴液循环。应该注意的是：腹部按摩还需排空小便意守丹田才能收到良好养生保健益寿的效果。

摩腹前要洗净双手。

摩腹时要避开肚脐。

摩腹一般都是为轻手法，日常健走摩腹时，力度不要超过太多，不要带动皮肤下的皮下组织扭动，只要在配合其他手法治疗时，如便秘等，才可以稍微加重力度。

如若患有恶性肿瘤或其他腹部病的人最好不要进行摩腹。

如果在摩腹过程中，腹部出现温热感、饥饿感，或产生肠鸣音、排气放屁等，都属于正常反应，无须担心。

我给自己定下了一个月瘦到 110 斤的目标，我相信通过我剩下十五天里的努力，一定能够完成目标。曾经有同事问我，在运动的时候，有没有刻意节食。以前我也是觉得节食是变瘦的最好办法，不过后来我发现在节食一段时间之后会受不了，会更想吃东西，而且身体也处于一个不健康的状态。我每天都坚持运动，并且保持着良好的饮食习惯，一日三餐都保证食量，只有吃得饱，才会有力气进行锻炼。

也只有一个健康的身体，才能享受健走的成效。

2015 年 3 月 01 日：健走第十四天

我妈今天打电话给我，说我爸每天晚上也跟着她去健走了，我在电话里听着我爸严肃地埋怨："说什么不好，说我丅吗。"我妈说因为她最近的睡眠质量都很好，我爸看着很心动，就跟着我妈每天傍晚去健走了。我在电话里跟我妈说我最近也瘦了十几斤，一切都挺好的。

健走，就这样潜移默化地影响了我们全家的生活。我在大学里热爱跑步，我觉得跑步能够让我找到一种年轻的感觉，随着年龄的增长，工作负担的加重，自己好像再也没有精力去跑步，直到我知道了健走这项运动方式。健走的运动特征比散步的成效要高得多，但投入比跑步要低，也就是说我不需要花费过多的力气，却能够得到比跑步更好的效果。

第一，健走能够提高人的免疫力。健走是依靠脚步力量带动全身力量，能够改善和增强人体的新陈代谢的功能，提高呼吸系统的能力，在消耗体内能量的同时，也提高了免疫力，不感冒，少生病。而且，科学的健走方式在一定程度上能够使人骨髓的造血功能得到更好的开发，提高血液中红细胞、血红蛋白的含量，进而影响人的呼吸系统、血管系统，甚至中枢神经系统，进一步提升人的身体免疫能力，甚至能够预防老年痴呆症的发生。

第二，健走能够提高人对抗疾病的能力。健走时，虽然心脏负担的幅度比散步要快，但从心脏能够负荷的程度来说，属于正常范围之内，而且相对于跑步来说，健走对心脏的负担并不大，对心脏而言是安全的，同时，健走能够增强心肌，增厚心壁，扩大心脏的容纳能力，以预防心血管疾病。可以说，健走是预防疾病的重要手段。

第三，健走能够提高人的活动能力。健走活动腿部神经，能够有效地阻止肌肉萎缩和骨骼关节功能退化。健走的节奏要求平稳，不能时快时慢，因此运动的血流量都是比较固定的，从而在肌肉压力的帮助下对心血管起到了舒缓的作用，能够积极地恢复血管的弹性，促进血液流通，减少血液停滞，唤醒身体的运动细胞，从而提高活动能力。

晚上，我静静地坐在窗前，反省自己与十四天之前的区别，我到底有了什么样的改变。现在的我，没有人看到我就说我胖了，每个人都惊呼我的样子，好像都是第一次见到我一样。上司不再为难我，不会让我做一些凌乱的杂事，今天中午隔壁桌的比我年长的同事拜托我去帮他买饭，上司不小心路过看到了，骂了他一顿，让他自己去买，说我有正事要干，然后转身嘱咐我做好这次的项目。

男同事这几天频频约我出去吃饭看电影，我都说自己晚上有事，本来健走对我来说就是一件很大的事情。公司里的男同事似乎都开始有意无意地对我笑，难道他们对我手里的项目有极大的兴趣？

在这十四天的时间里，我意识到自己的内心也有很大的改变，以前的我在遇到一些不公平事情的时候，会抱怨这个世界的不公平，会抱怨别人的歧视，从来不会反省自己，而现在我会反省自己，哪里做得不好。这种反省的生活方式，让我觉得我的生活在慢慢变得好起来。

2015 年 3 月 02 日：健走第十五天

我坚持健走已经半个月了。现在，我慢慢地把健走这项健康的运动方式告诉我的朋友，让越来越多的朋友加入到我这个阵营中来，我希望越来越多的人认识健走这项运动，认识这项运动的有益之处。